我的第一本
权益保护启蒙书

代晓琴 ◎ 著

中国法制出版社
CHINA LEGAL PUBLISHING HOUSE

序

少年时代，是长身体、长知识的重要时期。这时候的我们，缺乏必要的自我保护能力，当合法权益受到侵害时，也不一定知道怎样去维护。

未成年人是国家的未来、民族的希望，是担当民族复兴大任的时代新人，是社会主义现代化建设事业的接班人。但作为未成年人的我们是那样懵懵懂懂、不谙世事，也是那样容易受到外界的诱惑和影响。我们该如何抵御外界的不良影响呢？

这些问题，值得深思并亟待解决。对此，国家为未成年人颁布了两道“护身符”——《中华人民共和国未成年人保护法》和《中华人民共和国预防未成年人犯罪法》。

作为未成年人的我们，是不是都知道和了解

这两道“护身符”？更进一步地问，我们是不是能理解它的深刻含义？

关键时刻，必须得有人站出来，将这两道“护身符”说给未成年的我们听，让我们知道它们的存在，知道它们对我们有着怎样的意义。种种迹象表明，这个过程很漫长，需要一位老师耐心地、认真地给大家讲解才行。

众所周知，我不仅会魔法，还懂法律，既是一只魔法狮，也是一名魔法“师”，尽管这点不一定能得到每一个人的认可，但此刻我必须亲自出马，做一回老师了。生搬法律条款对大家而言有点枯燥，更不是我的风格。为了让这两道“护身符”更加生动形象，我必须来点儿“碎碎念”……

目录

第一篇　祖国的花朵

1. 两道“护身符”

蓝蓝的天上，一片片白云随风飘过。蓝天白云下，是一片广袤无垠的大草原。草甸上，我和兄弟姐妹们一起晒太阳，一起唱歌、跳舞和游戏。当爸爸妈妈走过来的时候，我会跑过去，在他们面前打个滚儿，缠着他们讲故事。爸爸妈妈爱抚地摸摸我的头，坐在草甸上，开始天马行空地讲起来……草原上时不时地传出阵阵欢声笑语。

无忧无虑、自由自在，是我童年的全部回忆。在家人、朋友和狮子王国的爱护和关怀下，我有了强健的体魄和开朗的性情，还有了自己的理想。有时候，我会犯点儿小错误。当然，在受到最好的教育和启发之后，那点儿小错误终究没变成大错误。我越变越好，后来还成了特别著名的魔法狮。

再后来，我来到人类社会，见到了你——一个和我一样幸运的孩子。每个孩子都是祖国的希望，都是祖国的“花朵”。不可否认，作为“花朵”的你，是那样值得被珍惜、被保护。爸爸妈妈将你照顾得无微不至，时刻呵护你的成长，生怕你受到一丁点儿委屈和不公正待遇。很显然，作为“花朵”的你，是父母手心里的宝。

爸爸妈妈对你的爱是无私的，他们为你提供衣食无忧的生活环境，还为你的心理健康保驾护航。有一个美好童年的你，一定想让自己变得出色、优秀，成为有理想、有道德、有文化、有纪律的社会主义建设者和接班人。这是非常好的。

然而，我发现并不是所有的孩子都像你这样幸运。

小花和你年龄差不多，但她的父母常年在外打工，不能照顾她。很多时候，小花都是和奶奶一起生活。奶奶年老多病，自顾不暇，所以小花的日子过得十分艰难。

小东的爸爸妈妈离异，他跟着妈妈生活，爸爸对小东不闻不问，连生活费都不能准时给付。后来，小东妈妈出了车祸，因受伤导致生活不能自理。小东的艰难也可想而知。

因为一场大火，明明的脸被烧伤，虽然伤口得到医治，却留下了难以祛除的疤痕。上学后，他遭到同学们的嘲笑，感到非常难过。

……

不幸的例子有很多，我不忍心继续说。作为魔法狮的我，当然希望能够帮到他们。也许一个两个，也许三个四个，但我的力量实在太小，并不能帮到所有人。

这事说来有点儿伤脑筋。不过，我并不着急。因为我已经了解到国家为了保护未成年人的合法权益，促进未成年人健康成长，专门制定了一部《未成年人保护法》。

同时，为了让未成年人养成良好的品行，远离犯罪，国家还制定了《预防未成年人犯罪法》。

有了这两道“护身符”，越来越多孩子的童年会变得更加美好。

魔法小贴士

国家为了保护未成年人身心健康，保障未成年人合法权益，促进未成年人德智体美劳全面发展，培养有理想、有道德、有文化、有纪律的社会主义建设者和接班人，培养担当民族复兴大任的时代新人，根据《宪法》，制定了《未成年人保护法》。同时，为了保障未成年人身心健康，培养未成年人良好品行，有效地预防未成年人犯罪，国家还制定了《预防未成年人犯罪法》。

2. 好行为从小抓起

我只要轻轻吹一口气，说声“魔法魔法变变变”，就可以随心所欲地变出自己想要的东西，这不奇怪，因为我是魔法狮。如果想要飞起来的话，我就将自己变成一只小鸟，想飞去哪儿，就飞去哪儿。

“魔法魔法变变变，变小鸟！”来一次想飞就飞的旅程也不错。扇动翅膀，轻轻一跃，飞上云端，听风“呼呼呼”地从耳边吹过。飞越高山、河流，飞越城市、村庄，一直向前，将森林、沙漠和绿地甩在身后……飞的感觉，简直太棒了。不知不觉间，我情不自禁地哼起了小曲儿，心情是那样的欢畅。

渴了，去小溪边喝点儿水；饿了，去樱桃树上吃樱桃；累了，就站在树枝上歇歇脚。无聊的时候，还可以站在教室的窗台上，看看孩

子们嬉戏的场景。这样的生活，简直太美好了。

那是一个春风送暖的日子，我振翅飞翔在天空中。一阵阵琅琅读书声传入我的耳朵，循着声音，我飞到一所学校，站在一间教室的窗台上。教室里，一群孩子正在认真地读书。这让我忍不住多待了一会儿。

“丁零零——”下课铃响了。孩子们放下书本，向操场奔去。那里有丰富多彩的活动在等着他们。

咦，还有一个小同学没有出去。他在干什么？天哪，他正在悄悄拿同学的文具盒。天哪，他将同学文具盒里的橡皮放进了自己的衣兜内。他，这是偷呀！

“小同学，不能这样做！”我大声喊道。遗憾的是，此刻我只是一只小鸟，小同学并没有听懂我的话。他将橡皮藏得更隐秘了。这之后，他一溜烟跑出了教室。

“小同学，请等一等！”我又在他身后大喊。可他仍然没有理我。

这样做可不对。我必须和他说清楚。为此，我等在他回家的必经之路上。不料，我又看到他偷了一家小卖部的糕点。

看来，我必须施展魔法将自己变成一个他熟悉的人，去制止他的行为才行。“魔法魔法变变变！”我摇身一变，成了他的同学。

“同学，你这样做是不对的。”我十分认真地告诉他。

“我家里人说我还小，他们都不管我，你凭什么管我？”小同学并不买账，一脸傲慢地离开了。看着他的背影，我一时语塞。

“魔法魔法变变变！让我来看看这个小同学的未来吧。”我气不过，倒是要看看这个自以为是不听劝告的小同学长大后是什么样子。我来到了几年后，看到那时候的他天天旷课，偷鸡摸狗，还因为盗窃被送进了未成年犯管教所。

未成年人盗窃、哄抢、抢夺或者故意损毁公私财物等行为，属于严重不良行为，危害社会，所以必须受到处罚。我深知其中的原因，也为他感到惋惜：“要是时光能够回到几年前，那时候就及时纠正他的行为，他也不至于成了这样。好行为，应该从小抓起呀。”

不行，我得让这个小同学的爸爸妈妈知道他们溺爱孩子的后果。“魔法魔法变变变！”我摇身一变，成了这个小同学的老师——我要做一次家访，让小同学的家人把他的这些不良行为纠正过来。

魔法小贴士

我国《预防未成年人犯罪法》第三十八条第四项规定，未成年人盗窃、哄抢、抢夺或者故意损毁公私财物，属于严重不良行为。严重不良行为，是指未成年人实施的有刑法规定、因不满法定刑事责任年龄不予刑事处罚的行为，以及严重危害社会的行为，如果不加扼制，很有可能发展为犯罪行为。

3. 齐心协力护“幼苗”

本来希望能够说服小同学的爸爸妈妈，让他们好好教育孩子，让孩子从小养成好的行为习惯，以免长大后走上犯罪道路。可是，当我一路小跑来到他家时，却发现小同学的爸爸妈妈常年不在家，他一直和爷爷奶奶生活在一起。爷爷奶奶很溺爱小同学，不论我怎样苦口婆心规劝他们，他们都不以为然地说：“小孩子还小，有点儿不好的行为在所难免。等他慢慢长大了，一切都会好起来的。”

“好的行为习惯要从小养成。”我试图说服他们。但是，两位老人摇摇头，直接送客。

我见小同学的爷爷奶奶不听劝，只得变回真身，去找小同学的爸爸妈妈。你一定好奇我怎么知道小同学的爸爸妈妈在哪儿。其实，这个问题根本难不倒我，谁叫我是魔法狮呢。施个魔法，我就知道了小同学的爸爸妈妈在哪儿。

小同学的爸爸妈妈还算明事理，他们知道小同学的情况之后，愿意积极教育他。事情到此，我总算松了一口气。

能让我松一口气的，当然是小同学有一个还算健全的家庭。但是他的爸爸妈妈离他实在太远，除了通过电话规劝小同学注意自己的行为，别无他法。

我希望找到还能帮助他的人。很幸运，我很快就找到了这个人，他就是小同学的老师。小同学的老师发现他的不良行为之后，苦口婆心地教育了他一番。有了父母和老师的教育和帮助，小同学认识到自己的错误，逐渐改掉了自己的不良行为，成了一个好学生。

小同学的情况显然比我后来遇到的一个孩子好很多。这个孩子的父母因为一场突如其来的车祸双双离世，他很是可怜。记得那是一个阴雨绵绵的日子，我路过一个小镇，看到一个小孩愁容满面地走在马路上。

“你怎么啦？”我变身为一个叔叔，走过去问那个小孩。

“我的爸爸妈妈都去世了……”小孩“哇”的一声哭了起来，断断续续地把事情的来龙去脉告诉了我，“我本来和爸爸妈妈一起幸福地生活，但前些日子爸爸妈妈出车祸离开了我，我一个人很孤独，不知道今后的日子该怎么办，这个世界上再也没有人爱护我了……”

“你不会一个人的！现在，我就把那些可以给你关怀和帮助的人变出来——”我心疼地看了看小孩，然后变回魔法狮的样子，说声：“魔法魔法变变变！”

很快，一位老爷爷来了。很快，一位老奶奶来了。很快，一位叔叔来了。很快，一位阿姨也来了。

“他们是谁？”小孩疑惑地看着我。

“他们是可以照顾你，能给你关怀和温暖的人。”

我郑重其事地把小孩的情况告诉了这几个人。

“小朋友，我是社区的管理人员。魔法狮将你的遭遇告诉了我，以后，社区这个大家庭一定会多多关心、爱护你。”老爷爷自我介绍说。

“我是民政部门的工作人员。你有什么困难都可以联系我，我一定第一时间帮助你。”老奶奶也开腔了。

“我是学校的后勤老师。你放心，学校一定会保障你的学业不受影响。”叔叔摸了摸小孩的头，说道。

“我没有孩子，如果你愿意，我可以收养你，代替你的父母好好照顾你。”阿姨和蔼地说。

“原来，世界上还有这么多人在关心我。”小孩的心底涌起一股暖流。

“我们以后一定好好保护和照顾这个小孩。”爷爷奶奶和叔叔阿姨说完，一起领走了小孩。

“有了这么多人的关心和爱护，小孩以后的生活应该会有保障。”看着他们离开的身影，我由衷地希望大家能够齐心协力，保护好这棵“幼苗”。

魔法小贴士

2020 年 10 月 17 日，第十三届全国人大常委会第二十二次会议经表决通过了修订后的《未成年人保护法》。该法自 2021 年 6 月 1 日起施行。修订后的《未成年人保护法》分为总则、家庭保护、学校保护、社会保护、网络保护、政府保护、司法保护、法律责任和附则，共 9 章 132 条。

第二篇　撑起保护伞

1. 关爱“留守儿童”

大草原草肥水美，是我们狮子的宜居地。爸爸和妈妈要出门的时候，总会带上我。我们一起在大草原上漫步，一起游戏，日子过得很惬意。时时刻刻，我都在爸爸妈妈的关爱和保护下，快乐地成长着。小时候的我，一刻也没有离开过他们。不得不说，我是很幸运并且很幸福的。

来到人类社会以后，我发现并不是所有的孩子都像我一样，那么无忧无虑。其中，最可怜的要数那些被称为“留守儿童”的孩子。

留守儿童的父母为了生计，不得不远走他乡。孩子要么和爷爷奶奶生活在一起，要么和叔伯婶娘生活在一起。又或者，他们被托付给熟人看管。没了父母的亲身陪伴，留守儿童的生活和学习成了很大的问题。

小花的父母去大城市打工，没办法照顾她，于是将她托付给姑姑。姑姑对她并不好。小花在姑姑家吃不饱、穿不暖，还经常挨打受气。姑姑不准小花将这些事告诉任何人，小花过得苦不堪言。小花是多么想念爸爸妈妈呀。晚上，她常常望着天空发呆，对着星星说悄悄话和许愿。

“要是爸爸妈妈回来，我就把这一切都告诉他们。最好，不要让我再待在姑姑家。可是，他们会答应我吗？”一天晚上，小花又像往常一样，对着星星说着悄悄话。恰好，她的话被我听见了。

“小花，我来帮你吧。”我摇身一变，变成一颗星星掉落在小花身旁。

“小星星，你一定要帮我。”小花充满期待地对我说道。

“《未成年人保护法》第二十二条第二款规定，未成年人的父母或者其他监护人在确定被委托人时，应当综合考虑其道德品质、家庭状况、身心健康状况、与未成年人生活情感上的联系等情况，并听取有表达意愿能力未成年人的意见。凭着这一点，我就可以说服你的父母，让他们听听你的意见。”我胸有成竹地告诉小花。我没有失言，让小花父母知道了小花的处境，并让他们很好地安排了小花以后的学习和生活。

如果说小花的情况很可怜，那么小雨的情况就更值得同情了。小雨的父母常年在外打工，丢下小雨和爷爷奶奶在一起生活。

小雨的父母一走就是好几年，像人间蒸发一般，杳无音

讯。爷爷奶奶年事已高，没有多少收入。因此，小雨的生活很拮据。一晃，小雨到了上学的年龄。他看着别人家的孩子背上书包高高兴兴去上学，心痒痒的，也想去上学。

“爷爷奶奶，我也要上学。”小雨将自己的想法告诉了爷爷奶奶。

“我们也想让你去上学，可是家里穷得揭不开锅，哪有钱供你上学呀？你的爸爸妈妈出去这么久，也不知道过得怎么样，要是他们能寄点儿钱回来就好了。”爷爷奶奶感到很无奈。

其实，小雨的爸爸妈妈在外面过得还不错。他们想着家里有爷爷奶奶照顾小雨，“一托了之”，什么也不管。小雨的可怜源于父母的严重不称职，我必须出马治治他们。

真想用魔法将他们变成两根葱，以解心头之恨。但是这样的话，并不能真正帮到小雨。所以我还是打算忍下一口气，好好施个魔法。

“魔法魔法变变变！”我将小雨的爸爸妈妈变到小雨面前，严厉地告诉他们：“依据《未成年人保护法》第二十三条的相关规定，未成年人的父母应当与未成年人、被委托人至少每周联系和交流一次，了解未成年人的生活、学习、心理等情况，并给予未成年人亲情关爱……你们再也不能对小雨不闻不问了。”

“之前是我们错了。以后我们会改正的。”小雨的爸爸妈妈没想到自己对孩子不闻不问竟然会受到法律管束，低头不停地认错。

“我会监督你们的。”为了让小雨的爸爸妈妈言而有信，我非常认真地对他们说。

魔法小贴士

《未成年人保护法》第二十二条第二款规定，未成年人的父母或者其他监护人在确定被委托人时，应当综合考虑其道德品质、家庭状况、身心健康状况、与未成年人生活情感上的联系等情况，并听取有表达意愿能力未成年人的意见。第二十三条第一款规定，未成年人的父母应当与未成年人、被委托人至少每周联系和交流一次，了解未成年人的生活、学习、心理等情况，并给予未成年人亲情关爱。

这些条款细化了监护人对未成年人的监护职责，有效减少了监护人对未成年人“一托了之”的情形。

2. 筑牢“防火墙”

有了家庭、学校、社会和政府等多方面的关爱和保护，留守儿童的生活和学习有了着落，这不免让我松了一口气。

还没等我悠闲地过上几天安宁日子，新问题又出现了。随之，我那颗刚放下的心，一下子又悬了起来。

问题是我无意之间发现的。那天，我摇身一变，变成了一只小鸟，振翅飞翔在蓝天白云之间，我看到了地上的山川、树林、村庄和城市，一切都是那样美好。在经过一座美丽的小镇时，我忍不住多停留了一会儿。

那时候，一所学校放学了。一群小学生嘻嘻哈哈地从学校走了出来。可他们并没有回家，而是径直去了一家环境脏乱差的网吧。网吧不是不能接待未成年人吗？这群小学生怎么可以畅通无阻地进去上网？网吧老板一定违反了法律规定。

沉迷上网打游戏对视力不好，影响学习，还容易上瘾，害处很多。此刻，我必须出手拯救那群小学生。

“魔法魔法变变变！”我摇身一变，变成一个大人的模样，走进那家网吧，告诉老板：“网吧不能接待未成年人，你们违法了。”

“这些孩子都是自愿来的，又没有人强迫他们。”网吧老板并不买账，“我的网吧我做主，你算老几？”

“你这人怎么这样？我要报警了。”网吧接待未成年人属于违法行为，于是我拿起电话要报警。网吧老板见状，赶紧将那几个小学生叫了出去。

“孩子们，沉迷上网对身体和学习都不好，你们赶快回家吧。”我追上那几个孩子，苦口婆心地规劝道。

几个孩子恋恋不舍地离开了网吧。看着他们的背影，我真担心他们又折回网吧。

“我会一直守在这里，所以你们不要想再折回网吧。”为此，我追上他们，直接告诉他们不要再回来。

“你放心，我们不会再回网吧。”几个孩子相互眨了眨眼睛，然后告诉我。

“那就好。”我稍稍放下心。但很快，我就意识到那几个小孩子眨眼的动作一定隐藏着不想让我知道的秘密。

这个秘密是什么呢？我必须弄明白。跟踪是最好的方式。我摇身一变，变成了一只小飞虫，跟上其中一个小孩。

那个小孩回了自己的家。他看家里没人，打开电脑，打起了网络游戏：“爸爸妈妈还没下班，正好可以玩一下。”

“小孩，你怎么能这样？”我想要阻止他，可自己却是一只小飞虫，只能急得干瞪眼。

那是一个通关游戏，每通过一个关卡，就会有积分奖励。小孩玩得很入迷。连爸爸妈妈回来，他都丝毫没有察觉到。

“还是让他的爸爸妈妈管教他吧。”我将自己隐藏起来，想要看看他的父母会怎样处理。正如我所料想的那样，小孩的爸爸妈妈对小孩偷偷玩游戏这件事很气愤，他们狠狠地教训了小孩一顿，并让小孩保证今后再也不玩网络游戏。

“我保证以后再也不玩网络游戏了。”小孩说道。

“这都是第十次保证了。你有做到吗？”小孩的爸爸妈妈耸耸肩，一副无可奈何的样子。

“都怪这款网络游戏太吸引人了。”小孩赶忙为自己开脱。

“这也是理由吗？”小孩的父母歇斯底里地吼道。

“这，其实也算一个理由吧。《未成年人保护法》第七十四条第一款规定，网络产品和服务提供者不得向未成年人提供诱导其沉迷的产品和服务。种种迹象表明，这款产品具有诱导未成年人沉迷的情节。”一旁的我解释说。遗憾的是，我此刻只是一只小飞虫，他们压根儿听不见我的声音。

看样子，我得好人做到底，直接声讨网络游戏提供者了。

魔法小贴士

《未成年人保护法》第七十四条第一款和第二款规定，网络产品和服务提供者不得向未成年人提供诱导其沉迷的产品和服务。网络游戏、网络直播、网络音视频、网络社交等网络服务提供者应当针对未成年人使用其服务设置相应的时间管理、权限管理、消费管理等功能。

3. 被恶搞的照片

和爱上网打游戏的那帮孩子相比，小东算是比较自律的孩子了。他不上网打游戏，只把心思放在学习上。这样一个好学生，按理说与“网”扯不上关系，可偏偏“网”却找上了他。

一天放学后，小东背着书包往家赶。途中，同学军军叫住了他。

“小东，你上网了，都快成‘小明星’了。”军军说这话的时候，表情有点儿古怪，这让小东丈二和尚摸不着头脑。

“我没上网，也没成什么小明星呀。”小东答道。

“我都在网上看到你的照片了。”军军十分认真地比画着，一点儿也不像是在开玩笑。

“那一定是一个和我长得相似的同学吧！”小东想了想，觉得自己根本没上网，也没有被拍摄，于是猜测道。

“图片下面还配上了你的名字。不信，你就去看看吧。”军军一本正经地说。

小东回家后，打开电脑，果真在一个网络平台上看到了自己的照片。只不过，照片被 PS 得很难看。

“也许大家看不出那就是我。”小东怀着侥幸的心理。可接下来一看，照片下方还配了恶搞的文字。文字中有他的名字。

“这分明就是恶搞呀！难怪军军说‘小明星’几个字的时候，表情那样古怪。我得罪了谁呢？这样恶搞我！”小东很是气愤。他思来想去，也没有想起自己得罪过谁。

小东心里很难过，一连好几天都不开心。看着闷闷不乐的小东，我很是心痛，问明事情的来龙去脉之后，我让他不要着急，先把罪魁祸首找出来再说。

通过对这个网络平台的调查，我找到了发布照片的人。一问才知道那人是从小东妈妈的朋友圈里找到了小东的照片，然后保存和恶搞的。

“他是你妈妈的微信好友，但心肠不太好，专门收集一些孩子的照片进行恶搞。他这样做是为了赚点击率。”我弄明白了事情的真相。

“这可怎么办？要不然，我请你帮我把网上的照片和文字变没了。”小东不知如何是好，想请我帮忙。

我不费吹灰之力，就可以运用魔法将小东的照片变没，可我想了想，如果这一次我用魔法替他解决问题的话，之后他再遇到这样的情况还会不知所措，便没有答应小东的请求。

“我还是将魔法教给你吧！”我对他眨眨眼，神秘地说。

“我也会有魔法吗？”小东一听非常期待。

“是的，而且这个‘魔法’是通用的魔法，对大家都有用。”我说。

“谢谢你，魔法狮！”小东兴奋地说。

“这个‘魔法’的名字就叫《未成年人保护法》，根据其第七十七条第一款的规定，任何人都不可以通过网络以文字、图片等形式恶意损害未成年人的形象。这种行为属于网络欺凌行为，受害者有权维护自己的权益不受损害。他这种行为涉嫌恶意损害你的形象，必须被制止。你可以将这件事告诉你的爸爸妈妈，让他们替你做主。”我对小东实言相告。

“我要试一试这个‘魔法’灵不灵。我还要将这个‘魔法’告诉更多的同学，让这个网络平台上的受害者都能用‘魔法’。”小东兴致勃勃地去找他的爸爸妈妈了。

魔法小贴士

《未成年人保护法》第七十七条规定，任何组织或者个人不得通过网络以文字、图片、音视频等形式，对未成年人实施侮辱、诽谤、威胁或者恶意损害形象等网络欺凌行为。遭受网络欺凌的未成年人及其父母或者其他监护人有权通知网络服务提供者采取删除、屏蔽、断开链接等措施。网络服务提供者接到通知后，应当及时采取必要的措施制止网络欺凌行为，防止信息扩散。

4. 不做“沉默的羔羊”

作为一只特别著名又特别有正义感的魔法狮，一直以来我都把保护未成年人当成自己的天职。但是，再怎么说我有时候也得打个盹儿，休息一小会儿。可我一不留神，就容易出岔子。

小花是一名 10 岁的小学生，父母工作很忙，对小花疏于管教，小花时常背着父母上网。后来，小花在网上认识了一个网友，也就是黑哥。黑哥没有正当的职业，专门上网骗小女孩，然后拐卖到偏远山区卖钱。

黑哥见小花年幼无知，便假装好心，处处关心小花，还用花言巧语哄骗小花。小花以为黑哥真的关心她，就认黑哥当哥哥。

“我们成了兄妹，还是抽个时间见一面吧。时间是本周六下午，地点就定在松涛公园。到时候，我有礼物要送给你。”黑哥骗小花出去见面。

“一言为定。”小花一听还有礼物，高兴地答应了黑哥的邀请。

转眼就到了周六。那天下午，小花向父母撒了一个小谎，从家里跑出来。她准时出现在了黑哥邀约的地点。

“妹妹还挺守时的嘛。”黑哥见小花准时来到，看了看小花身后，别有用心地问了一句：“你一个人来的吗？”

“我一个人来的，没有其他人。”小花想也没想，随口答道。

“妹妹是个勇敢的人，我就喜欢你这样的人。”黑哥的脸上露出一丝让人不易察觉的笑意，他递给小花一个布偶，说道，“哥哥说话算话，真的有礼物送给你。”

“谢谢哥哥，这个布偶正是我喜欢的。”小花接过布偶，高兴极了。

黑哥和小花你一言我一语，很快就混熟了。黑哥带小花在公园玩了好一阵儿，去小吃一条街吃了一些小吃，还去看了电影。一晃，天就黑了。

“天黑了，我要回家了。”小花觉得自己该回家了。

“今天太晚了，明天一早回去吧。”黑哥拉着小花，向一家宾馆走去。

“不，我要回家。”小花坚持着。

“你明天回去吧。今晚就在宾馆住一晚。你怕什么，难不成我会吃了你？”黑哥使劲拽着小花的手，向着宾馆的方向走去。

半推半就间，小花被黑哥带到了一家宾馆。危险，正一步步来临……然而，小花还天真地以为黑哥是一个热情的好大哥。

说到这里，大家一定替小花捏了一把汗。没错，后来我也替她捏了一把汗。只不过，当时我正在打盹儿，压根就没发现小花那即将来临的危险。

幸运的是，小花被救了。原来，黑哥拽着小花来到宾馆前台登记入住的时候，前台服务员发现小花是未成年人，于是询问她父母的联系方式，以及和入住人员的关系。通过询问，前台服务员发现小花和黑哥并非黑哥口中所说的亲兄妹，觉得事情很可疑，于是报了警。

说到这里，我们不禁要为前台服务员点赞，他们太尽职尽责了。也许你会冒出一个想法，假如前台服务员不报告，岂不是后果不堪设想？是的，你的担心不是多余的，而且很多人也担心这个问题，所以，《未成年人保护法》专门作出了规定。

根据《未成年人保护法》第五十七条规定，旅馆、宾馆、酒店等住宿经营者在接待未成年人和成年人共同入住的时候，需要谨慎对待，必须详细了解其与入住人员的身份关系等有关情况；倘若发现有违法犯罪嫌疑，要及时报警，并积极与未成年人的父母取得联系。有了这一规定，我想我就可以放心地打盹儿了。

不，现在还不能。因为我还必须向更多的人普及这一规定，尤其是旅馆、宾馆、酒店等住宿经营者。所以，我还得忙活一阵子。

魔法小贴士

《未成年人保护法》第五十七条规定，旅馆、宾馆、酒店等住宿经营者接待未成年人入住，或者接待未成年人和成年人共同入住时，应当询问父母或者其他监护人的联系方式、入住人员的身份关系等有关情况；发现有违法犯罪嫌疑的，应当立即向公安机关报告，并及时联系未成年人的父母或者其他监护人。

5. 不快乐的乐乐

愉悦的心情使人神采奕奕，精神焕发，还有利于身体健康。为了保持健康，我们必须快乐起来。很多时候，我都是快乐的。

小同学乐乐人如其名，她活泼开朗，笑容时常挂在脸上，仿佛没有烦心事。快乐的我和快乐的她很快就成了一对忘年交。有事没事，我们就凑在一起谈天说地。乐乐最喜欢听我天南海北地聊见闻，听完之后还会将巴掌拍得很响，并开心地笑。看着乐乐无忧无虑的样子，我打心眼儿里感到高兴。

可是，突然有一天，乐乐变得愁容满面，也不爱和我说话了。她怎么啦？看着性情大变的乐乐，我隐约觉得她一定有什么事情瞒着我。

“乐乐，你最近怎么啦？”我希望能从她嘴里问出点儿什么，但无论我怎么问，她都只摇摇头说没事。明明有事，却说没事，看来事情还不小呀。这次，又得我亲自出马才行了。

“魔法魔法变变变！”我将自己变成了一只小蚂蚁，悄悄藏进了乐乐的头发丝里。我打算时时刻刻跟着乐乐，从她的一举一动中发现端倪。

我发现乐乐在家里是父母的掌上明珠，父母都很爱她，所以她不开心的根源应该不会与家里有关。乐乐的生活轨迹很固定，除了家里就是学校。既然问题不是出在家里，那么很有可能就是出在学校。

我藏在乐乐的头发丝里，去了乐乐的学校。学校生活丰富多彩，乐乐和老师、同学相处得都不错，看不出有什么不对劲。

放学后，事情发生了突然的转折。乐乐没有直接回家，她一番左顾右盼之后，战战兢兢地敲响了马老师办公室的门。

“马老师，我错了。那天的事，你能不能不告诉我的爸爸妈妈？”乐乐走进办公室后弱弱地问道。

“抄作业可不好，要是你爸爸妈妈知道这件事一定会生气的。你要是让我再摸摸小屁股，我就不将你抄作业的事告诉你的爸爸妈妈。”马老师说着，看了看门外，将门悄悄关上了。

“别，别！求求你，别告诉我的爸爸妈妈。”乐乐朝后退了一步，战战兢兢地说。

情况不妙，我现出原形，指着马老师，说声“定身”，马老师被定在原地，纹丝不动。

“魔法狮，你怎么在这里？”乐乐扑进我的怀里。

“你是不是抄作业被马老师发现了？他利用你害怕爸爸妈妈知道的心理威胁你，还对你动手动脚？”我问道。

“那道题太难了，所以我才抄了同桌的作业。”乐乐哭着说。

“作业不会做可以问爸爸妈妈，以后千万不要抄作业。抄作业不对是一回事，但马老师以你抄作业为由威胁你，是更恶劣的行为。《未成年人保护法》第四十条第一款规定，对性侵害、性骚扰未成年人等违法犯罪行为，学校、幼儿园不得隐瞒，应当及时向公安机关、教育行政部门报告，并配合相关部门依法处理。你要大胆说不，还要将这件事告诉父母并且报警。”我鼓励乐乐大胆说出自己的遭遇。

“我知道该怎么做了。”乐乐说完，步伐坚定地向家走去。

“等待你的，必将是法律的制裁。”我没有给马老师解除定身，让他就在原地等待警察的到来。

魔法小贴士

《未成年人保护法》第四十条规定，学校、幼儿园应当建立预防性侵害、性骚扰未成年人工作制度。对性侵害、性骚扰未成年人等违法犯罪行为，学校、幼儿园不得隐瞒，应当及时向公安机关、教育行政部门报告，并配合相关部门依法处理。学校、幼儿园应当对未成年人开展适合其年龄的性教育，提高未成年人防范性侵害、性骚扰的自我保护意识和能力。对遭受性侵害、性骚扰的未成年人，学校、幼儿园应当及时采取相关的保护措施。

6. 媛媛的心事

作为一只优秀的魔法狮，我除了会施魔法帮助别人，还拥有丰富多彩的业余生活。旅游、体育锻炼都是我的最爱，闲暇时，我还爱交朋友。也许是童心未泯的缘故，我那些好朋友中有很多都是小朋友。尤其是爱学习的孩子，更容易成为我的好朋友。

媛媛同学上小学三年级，也是我众多好朋友中的一个。她成绩优异，爱说爱笑，我们在一起的时候总有说不完的话。在我心里，媛媛同学似乎永远都是那样开心，永远都没有烦恼。

可突然有一天，媛媛同学变得不爱说话了，笑容从她脸上悄悄地溜走了。而且，她也不怎么搭理我了。

媛媛同学为什么一改往日的活泼开朗？难道我有什么地方做得不好吗？我仔细反思了自己近段时间的所作所为，并没有发现自己有什么错误。如此说来，问题应该出在媛媛身上。那么，她究竟怎么了？

不管我怎样询问，她都对自己的情况闭口不谈。不过，这当然难不倒我。

“魔法魔法变变变！”这一次，我变成一只小蝴蝶，媛媛去哪儿，我就跟到哪儿。很快，我就发现她的问题出在学校里。

下课的时候，媛媛出去玩，被一个高年级的大哥哥堵在半路。大哥哥不让媛媛去操场玩，让她将零花钱交给他。媛媛很害怕大哥哥，老老实实将零花钱交给了他。大哥哥看了看钱还嫌少，给了媛媛一巴掌：“你要是敢把这件事告诉别人，我就把你关起来。”

“大哥哥，我不会把这件事告诉别人的，你饶了我吧。钱，我明天再拿一些来。”媛媛低头求饶。

“嘿，把钱还给媛媛！以后不准欺负她。”看到此情此景，我忍不住义愤填膺，直接说话了。

“谁在说话？”那个大哥哥看了看四周，没看到人。

“还不快点给媛媛道歉，要不然，我就不客气了。”虽然我变成了蝴蝶，但魔法一点儿也没变弱，我对着那个大哥哥吹了一口气，他就开始自己转起圈圈来，不一会儿就头晕眼花了。这之后，他变得老实起来，不但归还了媛媛的零花钱，

还向媛媛道了歉。

“媛媛，我再也不欺负你了。”那个大哥哥自始至终都不知道是谁施了魔法。

放学路上，我飞到媛媛面前，恢复原形。

“谢谢你，魔法狮！我知道是你帮助了我，”媛媛将这些天所受的委屈一股脑儿地说了出来，“那个大哥哥是新转来的同学，仗着自己人高马大，总是欺负我。”

“我能帮到你一时，但不能时时刻刻都帮到你。所以你最好还是自己学会‘魔法’，自己保护自己，”我想了想，然后说，“《未成年人保护法》第三十九条第一款和第二款规定，学校应当建立学生欺凌防控工作制度，对教职员工、学生等开展防治学生欺凌的教育和培训。学校对学生欺凌行为应当立即制止，通知实施欺凌和被欺凌未成年学生的父母或者其他监护人参与欺凌行为的认定和处理……今后你如果再遇到这样的情况，要机智脱身，然后悄悄告诉父母或老师。你不必受他们的威胁。”

“这个‘魔法’管用吗？”媛媛有些迟疑。

“管用！”我使劲地点点头。媛媛听了，高兴地笑了。

魔法小贴士

《未成年人保护法》第三十九条规定，学校应当建立学生欺凌防控工作制度，对教职员工、学生等开展防治学生欺凌的教育和培训。学校对学生欺凌行为应当立即制止，通知实施欺凌和被欺凌未成年学生的父母或者其他监护人参与欺凌行为的认定和处理；对相关未成年学生及时给予心理辅导、教育和引导；对相关未成年学生的父母或者其他监护人给予必要的家庭教育指导。对实施欺凌的未成年学生，学校应当根据欺凌行为的性质和程度，依法加强管教。对严重的欺凌行为，学校不得隐瞒，应当及时向公安机关、教育行政部门报告，并配合相关部门依法处理。

7. 新学校里的“李师傅”

小瑞搬新家的同时也转学了，新学校就在新家附近，上学很方便。相比而言，新学校的各方面条件都比小瑞之前的学校好很多，小瑞的学习和生活质量得到了很大的改观。

按常理，小瑞应该喜欢新学校才对。令人奇怪的是，小瑞没上几天学就不想去新学校了。

“小瑞，上学要迟到了。抓紧时间呀。”妈妈看着小瑞磨磨蹭蹭的样子，很是心焦。

“马上就去了。”小瑞嘴里应付着妈妈，行动却跟不上。一连好几天都是这样，即使好不容易走出家门，小瑞也会在半路上逗留好一阵子才去学校。

小瑞的事很快就传到了我的耳朵里。我知道小瑞没转学前非常爱学习，与现在判若两人。

“问题一定出在新学校。莫非有人欺负小瑞？”为了弄清楚事情的来龙去脉，我又一次变成一只小蚂蚁，悄悄待在了小瑞的头发上。观察了整整一天，我也没发现有谁欺负小瑞。

“没人欺负你，你为什么不愿意上学？”放学后，我变回原样，拦住小瑞问道。

“我总感觉有人要欺负我。”小瑞说这话的时候，显得有些害怕。

“你觉得谁要欺负你呢？”我问。

“是食堂的李师傅。我挺害怕他的，”小瑞说出了内心的担忧，“这个李师傅住在我家之前居住的小区，人很凶。很早以前，他因为一件小事对小区一位老爷爷大打出手。老爷爷被打断了两根肋骨，住进了医院……之后，听说警察叔叔将他抓走关了起来。据说，他还被判刑一年。不知道为什么他会出现在我的新学校里，要是他也因为一点儿小事打我怎么办？”

“《未成年人保护法》第六十二条第一款规定，密切接触未成年人的单位招聘工作人员时，应当向公安机关、人民检察院查询应聘者是否具有性侵害、虐待、拐卖、暴力伤害等违法犯罪记录；发现其具有前述行为记录的，不得录用。如果他真的有前科，就不应该在你的新学校里上班。”我一听，意识到了事情的严重性，觉得有必要对李师傅进行调查。

为此，我来到新学校找了校长，校长了解情况后找来了李师傅。但是，李师傅拒不承认自己曾经伤害过别人，更不承认自己被判过刑。

“撒谎没用，一查就能清楚了。”我说。

“密切接触未成年人的单位应当每年定期对工作人员是否具有暴力伤害等违法犯罪记录进行查询。通过查询或者其他方式发现其工作人员具有违法犯罪行为的，应当及时解聘。我们在聘用李师傅之前已经展开过调查，没发现他有前科。不放心的话，你也可以去调查。”校长说。

为了孩子的安危，我真的去调查了李师傅。正如学校方面所说的那样，李师傅根本就没有犯罪记录。

“这是怎么回事呢？”我一时之间也蒙了。

“我和弟弟是双胞胎，长得很像，他因故意伤害被判过刑，我没有。”李师傅知道我还在调查他，只好将情况如实相告。

“小瑞，‘危险’解除了，不要害怕。”我将真相告诉了小瑞。小瑞听后，放下心来，开开心心去上学了。

魔法小贴士

《未成年人保护法》第六十二条规定，密切接触未成年人的单位招聘工作人员时，应当向公安机关、人民检察院查询应聘者是否具有性侵害、虐待、拐卖、暴力伤害等违法犯罪记录；发现其具有前述行为记录的，不得录用。密切接触未成年人的单位应当每年定期对工作人员是否具有上述违法犯罪记录进行查询。通过查询或者其他方式发现其工作人员具有上述行为的，应当及时解聘。

8. 父母的职责

通过这些日子的经历，我渐渐发现变成一只小小的动物藏起来会比较容易弄清事情的真相。所以接下来的日子里，我时而变成小蚂蚁，时而变成小蝴蝶，时而变成小蜻蜓，时而又变成小瓢虫，到处伸张正义。变呀变，变得我都差点儿忘记自己原来还是一只体形魁梧的狮子了。不过没关系，毕竟我真的是一只狮子，谁也不能改变。所以，想变什么，就变什么吧。

“嗡嗡嗡……”今天，我变成了一只小蜜蜂，飞到田野上，飞到花丛中。看一会儿风景，采一会儿花蜜，真是好玩。不过，我并没有忘记看看周围，想要有所发现。不看不知道，一看吓一跳。我竟然看到一个大人在田埂上追着小孩打。

“不准欺负小孩！”我变身回来，上前喝止道。

“我打自家小孩，和你有什么关系？不要多管闲事！”那人并没有停手，变本加厉地追打小孩。

“魔法魔法变变变，将你变成一棵树！”情急之下，我使出撒手锏，将那个大人变成了一棵树，不能说也不能动。

“孩子，他是谁？为什么打你？”我问被打的小孩。

“他是我爸爸。前不久，妈妈离家出走，再也没有回来。从那之后爸爸的脾气越来越古怪，天天拿我撒气，动不动就打我。”小孩委屈地说，“可是再怎么说，他也是我的爸爸。魔法狮，你还是将他变回来吧。”

“变回来！”看着懂事又可怜的孩子，我很同情也很无奈，只得说声“魔法魔法变变变”，将那棵树变回了小孩的爸爸。

“从今往后，你不要打孩子了。”好人做到底，我对着小孩的爸爸吹了一口气，说声“变脾气”，将他的脾气变好了。

“谢谢你的提醒。其实我也很爱孩子的。今后我再也不打孩子了。”小孩的爸爸对我一番保证之后，带着小孩回家了。父子俩友好相处的样子，让我松了一口气。

“嗡嗡嗡……”我摇身一变，又变回了小蜜蜂。我飞呀飞，飞过一处僻静的小巷。

“救命呀！谁来救救我呀……”这时，一个微弱的声音传入我的耳朵。循着声音，我发现小巷深处有一个小女孩。小女孩七八岁的样子，腿部有严重的残疾，不能站立，她靠坐在墙边，样子很是可怜。

“小朋友，你怎么啦？”我摇身一变，变成一个亲切的阿姨，询问小女孩。

“我出生的时候有残疾，爸爸妈妈花了很多钱为我治疗。现在家里一贫如洗，爸爸妈妈没办法，只得将我丢弃在这里，希望好心人能将我捡走……”小女孩希望我能帮帮她，可怜兮兮地说道。

“这是遗弃啊，做父母的怎么可以这样呢？”我愤愤不平地说。为了帮到小女孩，我再一次动用了我的魔法，说声“魔法魔法变变变”，将她变成了健健康康的小女孩：“现在，你可以回家找你的爸爸妈妈了。”

“谢谢你，会魔法的阿姨。我不是在做梦吧？”小女孩不敢相信地看着自己的双腿，发现自己能走路了，高兴极了，活蹦乱跳地跑向家的方向。

“这样的事还有多少？我一个人不能拯救所有小朋友。不行，我得换一种方式去帮助大家。”我思考之后，改变了主意，决定用人类的“魔法”让人类自救，这个“魔法”就是《未成年人保护法》。其第十六条第一项规定，未成年人的父母或者其他监护人应当履行“为未成年人提供生活、健康、安全等方面的保障”的监护职责。第十七条第一项规定，未成年人的父母或者其他监护人不得实施“虐待、遗弃、非法送养未成年人或者对未成年人实施家庭暴力”的行为。

“嗡嗡嗡……”现在，我要将这个“魔法”告诉更多的人。

为此，我变回小蜜蜂，又一次出发了……

魔法小贴士

《未成年人保护法》第十六条第一项规定，未成年人的父母或者其他监护人应当履行“为未成年人提供生活、健康、安全等方面的保障”的监护职责。第十七条第一项规定，未成年人的父母或者其他监护人不得实施“虐待、遗弃、非法送养未成年人或者对未成年人实施家庭暴力”的行为。

9. 国家也是“监护人”

小时候，我每次和父母赌气，都会想“背上布娃娃，带上存钱罐，独自去流浪”。可刚走出门没多久，我就会因为天会黑、外面热、有点儿饿等原因折返回家。

长大后，我认为流浪到远方是很浪漫的事，而且我拥有了魔法，可以到处流浪。但在流浪的途中，我时常会想家，想和父母、兄弟姐妹团聚。所以，流浪计划常常半途而废。

巧的是，来到人类社会之后，我也遇到过一个想去“流浪”的小朋友。

我是在一个偏僻的乡镇遇到这个小朋友的。我遇到他的时候，他正在家门口撕衣服。

“小朋友，我是和蔼可亲的魔法狮。你不要害怕。我就想问问，好端端的衣服，你为什么要把它撕烂呢？”我立马走上前，想要阻止他。

“我要把衣服撕成条，打扮成乞丐，然后去流浪……”这个小朋友口气倔强得很。

“你是和我一样，想要周游世界吗？”我猜他有周游世界的梦想。

他没吭声，继续撕衣服。

“那么，你是不是和爸爸妈妈吵架了？”我又猜这个小朋友是像我小时候那样，因为和父母赌气，才想着离家出走。

没想到，听了我的话，他还是不吭声，眼泪却在眼眶里打转。

“小朋友，你可以跟我们走。”我的话音刚落，远处就走来两位叔叔，他们要求带走这个小朋友。

“请问你们是谁？”我不放心地问道。

“我们是民政局的工作人员，这个小朋友自幼父母双亡，跟着奶奶生活。几天前，他的奶奶也去世了。所以，我们为他联系了福利院，想接他过去，衣食无忧地生活、学习，健康成长。”其中一位叔叔说。

我恍然大悟，怪不得提到小朋友的父母，他眼泪汪汪，原来，他是失去了家人，所以才想去“流浪”。想到这里，我的心情很沉重，心疼地看着这个坚强的小朋友。

“我能跟他们走吗？”小朋友犹豫地看着我。

“能。《未成年人保护法》第九十二条第一项规定，具有‘未成年人流浪乞讨或者身份不明，暂时查找不到父母或者其他监护人’情形的，民政部门应当依法对未成年人进行临时监护。第九十四条第一项和第二项规定，具有‘查找不到未成年人的父母或者其他监护人’或者‘监护人死亡或者被宣告死亡且无其他人可以担任监护人’情形的，民政部门应当依法对未成年人进行长期监护。你就属于后面这种情形。虽然你爸爸妈妈和奶奶走了，但国家会做你的‘监护人’，而且是最好的监护人。你年纪还小，应该好好学习，好好生活，可不适合像我这样四处闯荡，等你长大了，可以来找我，到那时候，魔法狮再和你一起去周游世界！”

“谢谢叔叔，谢谢魔法狮！等我长大后，我们一起周游世界！”小朋友破涕为笑，跟着两位叔叔向民政局走去。希望他以后的生活幸福快乐。

魔法小贴士

《未成年人保护法》第九十二条第一项规定，具有“未成年人流浪乞讨或者身份不明，暂时查找不到父母或者其他监护人”情形的，民政部门应当依法对未成年人进行临时监护。第九十四条第一项和第二项规定，具有“查找不到未成年人的父母或者其他监护人”或者“监护人死亡或者被宣告死亡且无其他人可以担任监护人”情形的，民政部门应当依法对未成年人进行长期监护。

10. 魔法体验日

一次偶然的机会，我为了帮助一名因地震被压在废墟下的小学生脱险，将他变成了一只小蜜蜂，帮助他飞出了险境。这事被记者拍到，成了爆炸性新闻。

一时之间，我成了大家关注的焦点。大家在赞扬我乐于助人的同时，更加好奇我的魔法，一些孩子还想亲身体验一下被变成小蜜蜂的感觉。

为了满足孩子们的愿望，我决定抽时间让孩子们体验一把被变成小蜜蜂的感觉。我知道周一到周五是孩子们上学的时间，于是决定将这次魔法体验定在最近一周的周六或者周日。消息一传出，我就收到了很多孩子的留言。

“魔法狮，我们担心周六功课做不完，能不能将魔法体验时间定在周日呢？”一些孩子留言说。

“魔法狮，我们担心周日功课也做不完，能不能将魔法体验的时间定在下周的周六或者周日呢？”一些孩子又留言说。

下周就下周吧，反正也不着急。我爽快地回复了孩子们的留言。

不料，又有一些孩子给我留言了。

“魔法狮，我们很想体验被变成小蜜蜂的感觉，但是下周，我们也应该会有很多功课做不完。而且，我们还要上特长班。”这些孩子很想体验被变成小蜜蜂的感觉。

“没关系，我可以再将时间往后推迟。五一劳动节快到了，就将体验日定在那一天吧。”为此，我再一次将魔法体验的时间推迟了一周。

“五一劳动节那天，也不知道我们的功课能不能做完。”一些孩子仍然很担忧。

“要不将时间定在暑假，那么长的时间应该可以吧？”我给孩子们留言说。

“暑假时学校恐怕会安排补课。我们是毕业班。但是，我们也想体验一把被变成小蜜蜂的感觉。”一些孩子留言说。

“《未成年人保护法》第三十三条第二款规定，学校不得占用国家法定节假日、休息日及寒暑假期，组织义务教育阶段的未成年学生集体补课，加重其学习负担。所以，你们的担忧应该是多余的。”这一次，我给出了肯定的回复。

“学校不会不知道这条规定，所以就将体验的时间定在暑假吧。”那群学生高兴地给出了回复。

“这有点儿久，倒不如这周末好。”这时候，又有一些孩子留言了。

“之前有学生担心周末的时候功课做不完，才将时间往后推迟的呀。”我答道。

“我们就是之前那些学生。其实，我们并不是担心功课做不完，而是担心周六或者周日会被安排补课。”这些孩子继续留言说。

“《未成年人保护法》第三十三条第一款规定，学校应当与未成年学生的父母或者其他监护人互相配合，合理安排未成年学生的学习时间，保障其休息、娱乐和体育锻炼的时间。所以，你们的担心也是多余的。”我说。

“五一劳动节也可以吗？”先前留言担心五一劳动节有功课做不完的那些孩子发问了。

“五一劳动节是国家法定节假日，学校也一定不会占用。所以你们的担心也是多余的。”我说。

“那好吧，时间你来定，当然是越快越好。”孩子们纷纷表示。

“那还是本周六吧！”我想了想，一锤定音。

转眼到了周六。那天，我看到很多孩子来参加我的魔法体验活动。

周六魔法体验日

“魔法魔法变变变！”我手一挥，开始施魔法。不一会儿，全场就沸腾了起来。

“哇！我飞起来了。简直太神奇了！”

“哇，我也飞起来了。我变小了，太好玩了。”

……

魔法小贴士

《未成年人保护法》第三十三条第一款和第二款规定，学校应当与未成年学生的父母或者其他监护人互相配合，合理安排未成年学生的学习时间，保障其休息、娱乐和体育锻炼的时间。学校不得占用国家法定节假日、休息日及寒暑假期，组织义务教育阶段的未成年学生集体补课，加重其学习负担。

11. 指定购买的商品

儿童节是小朋友们的节日，届时学校会举行丰富多彩的庆典活动，让小朋友们度过快乐的一天。幸运的小朋友，还会被选到台上表演节目。为了让节目精彩好看，一个月前就得开始排练。除此之外，服装也很重要。

一般情况下，老师不会指定学生们去特定的商店购买服装，他们可能会将演出需要的服装款式选好，然后发给学生家长，让家长们自行在网上选择，购买价格合理的演出服。演出完毕，小朋友们还会将演出服收藏起来，作为纪念。这当然是大多数学校的做法。这种做法充分尊重了家长的自主购买意愿。不过，仍然有少数学校做法不一样。而且，这些学校，还不想让人知道。

不想被人知道的事，我偏偏想知道。这很好办，只要我施展魔法，就没有什么事能够逃过我的法眼。

事情得从一个月前说起。那天，我变成一只蝴蝶飞在一条林荫小道上。在那里，我遇上了两个小朋友，也就是小丽和小秀。当时，她们正在谈论儿童节节目的事。

“小丽，六一儿童节我们要去跳舞。也不知道这次买的服装好看不好看，你知道吗？”小秀问小丽。

“知道，老师已经将购买链接发到家长群了。昨天，我妈妈已经点开链接，购买了那套服装。”小丽大大咧咧地答道。

“我妈妈还没买。”小秀若有所思地说。

“难道你妈妈不愿意给你买吗？”小丽一听，很诧异。

“不是的，她想去另外一家店买。那家店的价格比老师发来链接的这家店便宜一半。妈妈还在犹豫，所以没下单。”小秀说。

“服装是不是一模一样？”小丽问，“可惜我妈妈已经下单了。要不然就和你妈妈一起买了。”

“我妈妈把这事告诉老师，老师说担心在另外一家店买到的服装不一样，所以她让妈妈按照她发的链接购买，”小秀说，“明明就是一模一样，为什么非要在老师指定的那家店购买？”

“这事，我也不知道该怎么办。不过，我觉得最好还是听老师的安排吧。”小丽无奈地耸耸肩。

“你说得对，我今天晚上就让妈妈下单。”小秀觉得小丽的话在理，于是说。

一阵沉默之后，小秀透露给小丽一个消息："听说儿童节那天下午老师朋友开的家具城开业，我们庆祝完儿童节之后，还要去家具城表演节目。你知道这事吗？"

"知道，这是老师私下告诉我们的，还让我们不要声张。我觉得这个老师怪怪的。其实，我根本不想去家具城演出，"小丽噘着嘴，不满地说，"可毕竟她是老师，作为学生的我们也不好推辞呀。"

"就是，服装要购买指定店的，演出后还要去参加商业活动。这个儿童节，真不开心，"小秀皱着眉头说，"也不敢说不想去。"

"《未成年人保护法》第三十八条第一款规定，学校、幼儿园不得安排未成年人参加商业性活动，不得向未成年人及其父母或者其他监护人推销或者要求其购买指定的商品和服务。其实，这两件事，你们都可以大胆拒绝。"我摇身一变，现出魔法狮的原形。

"真的可以吗？"小秀和小丽惊喜地问。我使劲地点点头。这下，小秀和小丽露出了开心的笑容。

魔法小贴士

《未成年人保护法》第三十八条第一款规定，学校、幼儿园不得安排未成年人参加商业性活动，不得向未成年人及其父母或者其他监护人推销或者要求其购买指定的商品和服务。

12. 危险的玩具

玩具总是深受小朋友们的喜爱。玩玩具是学习和探索的重要方式。在玩玩具的过程中，小朋友们挑战自我，开发智力，不断成长。

不瞒你说，我也喜欢玩玩具。小时候，我喜欢玩陀螺、竹蜻蜓、纸飞机，一玩就是大半天。长大后，我喜欢玩魔法扫帚、魔法棒，还可以变出自己喜欢的东西来。有些玩具是我自己做的，有些玩具是在商店买的，五花八门的玩具陪伴着我，带给我快乐的同时，也让我成长了不少。

此刻，你一定对玩具全是好评，这没问题，因为好玩具就是应该得到好评。殊不知，有的玩具也可能将我们置于危险之中，甚至还会对我们造成伤害。

前不久，一个小女孩抱着网红气球玩耍时，她的哥哥递给她一个打火机。小女孩一边拿着气球，一边打着了打火机，只听“嘣”的一声，气球爆炸，小女孩的手和脸都被烧伤了，头发也跟着被烧着了。大人们闻讯赶到，赶紧将小女孩送进了医院。原来，这种“网红气球”里充满氢气，遇到明火或漏电都会爆炸！

小女孩的父母将卖气球的店家告上了法庭，法院判决店家赔偿小女孩的医疗费，理由是："气球不能用氢气填充，这不符合国家规定。"

虽然达成了赔偿协议，但小女孩的痛苦却没人能够分担，真是令人痛心。为了防患于未然，这些不符合规定的气球应该被禁止销售。但危险远不止于此，更远远不止网红气球这一种玩具存在安全隐患。

玩具枪别在身上威风凛凛，还可以玩射击游戏。小军从小就爱玩玩具枪，是一个枪迷。最近，他买了一把新款玩具枪，一有时间就将它拿出来把玩。

小海和小军是好朋友，也很喜欢玩具枪。他见小军别着玩具枪的样子很酷，缠着父母给自己也买了一把。

"不如抽个时间，我们比试一下。"小军知道小海也买了玩具枪之后，冒出了比试一下的想法。小海二话不说就应战了。两个小伙伴来到郊外，开始比试。他们先比试谁的射击技术高，后来又对射起来。

"千万不要对射，以免伤到对方。"我路过郊外，看见了他们的比试，连忙制止了他们的危险行为。

"不对射，就不能一决高下。"小军说。

“就是呀，我们这是玩具枪，又不是真枪。”小海也说。

“根据《未成年人保护法》第五十五条规定，生产、销售用于未成年人的玩具和游戏设备，应当充分考虑未成年人的人身安全和身心健康，不得违背国家或者行业标准。如果有需要注意的事项，生产厂家还要在显著位置标明。商家不得销售未标明注意事项的产品。你们玩的这款玩具枪，使用的子弹是实心塑胶子弹，使用说明上应该写有不能对射等注意事项，不然是不能销售的。”我变出使用说明书，拿给他们看。

“安全第一，就不比试了吧。”小军和小海一听，赶忙收起了玩具枪。

魔法小贴士

《未成年人保护法》第五十五条规定，生产、销售用于未成年人的食品、药品、玩具、用具和游戏游艺设备、游乐设施等，应当符合国家或者行业标准，不得危害未成年人的人身安全和身心健康。上述产品的生产者应当在显著位置标明注意事项，未标明注意事项的不得销售。

13. 校园外的歌舞厅

天气不错，变成小飞虫飞到乡间看看，真是一个不错的选择。迎着暖暖的风，我时而飞在树林中，在这棵树上停一停，在那棵树上靠一靠；时而又飞在花丛中，这朵花上闻闻，那朵花上嗅嗅，开心得不得了。

这时，我看见远处走来两个人。他们走走停停，像在说着什么事情。他们在说什么呢？对此，我有点儿好奇。好奇的话，就去听听吧。悄悄地，我飞到了他们身旁。

这两个人一个留着络腮胡，另一个秃顶。秃顶的那个人上了一点儿年纪，好像是个老板。他说："将游戏厅、歌舞厅开到乡镇上，应该会有一定的市场。"

"乡镇上有市场，而且相比城市而言不容易被查处。我们还可以将游戏厅开在学校附近，更容易吸引学生去上网。""络腮胡"说。

"索性将歌舞厅也开在游戏厅附近。这样子的话，我们租赁的门面就很集中，便于管理。"秃顶老板说。

听了一会儿之后，我终于明白这两个人是要在乡镇投资游戏厅和歌舞厅，而且他们把地点选在了学校附近。学校是孩子们学习的场所，将游戏厅和歌舞厅开在学校附近，一定会影响孩子们学习。《未成年人保护法》第五十八条规定，学校、幼儿园周边不得设置营业性娱乐场所、酒吧、互联网上网服务营业场所等不适宜未成年人活动的场所。所以，我必须告诉他们这一点。

“我要以怎样的方式去阻止他们呢？”现在，我只是一只小飞虫，我的语言他们一定听不懂。看来，我得变成人了。

“魔法——”我还没来得及将自己变成人，“络腮胡”就说话了：“根据《未成年人保护法》的规定，不得将营业性娱乐场所、酒吧、互联网上网服务营业场所等不适宜未成年人活动的场所设置在学校、幼儿园周边。我们会不会因为违法被处罚？”

“乡镇的人不一定知道这一点。你就放心吧。”秃顶老板不以为意。

“怎么可以这样？”我一听，简直气得不行。但是我没有现出原形，因为我决定看看他们要去的是哪一个乡镇，然后把这个消息告诉那个乡镇的居民。很快，我偷听到他们要去的是桃花镇。

桃花镇距离这儿不远，那里的居民憨厚朴实，孩子天真可爱。这两个人简直太可恶了。

“魔法魔法变变变！”为了阻止他们，我手一挥，让他们忘记了刚才的谈话内容。不过，我不敢保证他们之后不会再想出这个鬼主意来。于是，我来到桃花镇，给那里的居民普及了法律知识。

“谢谢你！如果有人那样做，我们就去举报他。”桃花镇的居民对我很感激。

“不用谢，我还要去给更多的人普及这些法律知识。”我心里明白，那两个人在桃花镇开不成游戏厅和歌舞厅，一定会去其他乡镇，于是我做了这个决定。

魔法小贴士

《未成年人保护法》第五十八条规定，学校、幼儿园周边不得设置营业性娱乐场所、酒吧、互联网上网服务营业场所等不适宜未成年人活动的场所。营业性歌舞娱乐场所、酒吧、互联网上网服务营业场所等不适宜未成年人活动场所的经营者，不得允许未成年人进入；游艺娱乐场所设置的电子游戏设备，除国家法定节假日外，不得向未成年人提供。经营者应当在显著位置设置未成年人禁入、限入标志；对难以判明是否是未成年人的，应当要求其出示身份证件。

14. 小黑的秘密

一连好几天，初中生小黑回家都比较晚。而且，他做功课时还总是将门关得死死的。“这孩子一定发生了什么事。”爸爸妈妈发现了小黑的异常，在心里暗暗想。

小黑的父母和我是好朋友，他们将这事告诉了我。

“这事就交给我吧！”作为小黑父母的好朋友，我感到自己责任重大，在他们面前拍着胸脯保证，一定将事情弄明白。

为此，我摇身一变，变成了一只小飞虫，时时刻刻跟在小黑的身后，观察他的一举一动。不出一天，我就发现了小黑的秘密，原来，他放学后去学校旁边的小卖部买了一包烟，然后和几个小伙伴去胡同里抽烟了。

小小年纪就学会抽烟，这可不太好。这家小卖部在什么地方卖烟不好，偏偏要在学校旁边，这不是给小黑买烟提供了方便吗？我一气之下，手一挥，将卖烟的小卖部变到了距离学校很远的一条街上。

随后，我还将小黑手里的烟变没了。小黑发现手里的烟消失了，还以为是自己将烟弄丢了，只好和小伙伴们离开了胡同。

“哈哈，这下子没烟抽了吧！没烟抽了，就该回家了。”正当我暗自高兴的时候，小黑和小伙伴们去了距离学校比较远的一家超市，在那里，他们又买了一包烟。

“《未成年人保护法》第五十九条第一款规定，禁止向未成年人销售烟、酒、彩票或者兑付彩票奖金。他们怎么可以将烟卖给未成年人小黑？”我必须制止和谴责他们。

“魔法魔法变变变！”我摇身一变，变成一个大叔，来到超市，告诉超市服务员：“你们向未成年人销售香烟是不合法的。”

“你是谁？凭什么指责我们？”超市服务员并不买账。

“我是正义的人，我凭正义感来指责你们。”我拍拍自己的胸脯，大声说道。

“我们并没有向未成年人销售香烟。”超市服务员狡辩起来。

“这个小孩——小黑，就是未成年人。难道你看不出来吗？”我问。

“他长得这么高，谁知道他成没成年呢？”超市服务员一脸无辜。

“看不出他成年与否，可以让他出示身份证呀！”我说，“《未成年人保护法》第五十九条第一款规定，烟、酒和彩票经营者应当在显著位置设置不向未成年人销售烟、酒或者彩票的标志；对难以判明是否是未成年人的，应当要求其出示身份证件。其实，你们应该设置不向未成年人售卖香烟的标志。这一点，你们也违规了。”

超市服务员还要狡辩，超市老板来了。他了解情况后，让超市服务员将卖给小黑的香烟收了回来，客气地说：“是我们做得不对，以后改正。”

“这还差不多。”我松了一口气，再三叮嘱超市老板今后该怎么做之后，离开了那家超市。

“魔法魔法变变变！”出了超市，我摇身一变，又变成一只小飞虫，紧紧地跟在小黑和他的小伙伴们的身后。

“小黑，我们再去巷道口那家超市买烟吧。”小黑和小伙伴们向前走去。

“香烟含有很多种有害物质，吸烟有害健康。小黑，小孩子不能抽烟。我已经和所有店铺打了招呼，你是买不到香烟的。”我飞到巷道口那家超市，给他们普及了法律知识，之后变回原形，拦住小黑和他的小伙伴们，告诉他们吸烟的危害，并叮嘱他们不要买烟。

“好吧，那我们回家吧。”小黑和小伙伴们只好各自回家了。

魔法小贴士

《未成年人保护法》第五十九条规定，学校、幼儿园周边不得设置烟、酒、彩票销售网点。禁止向未成年人销售烟、酒、彩票或者兑付彩票奖金。烟、酒和彩票经营者应当在显著位置设置不向未成年人销售烟、酒或者彩票的标志；对难以判明是否是未成年人的，应当要求其出示身份证件。任何人不得在学校、幼儿园和其他未成年人集中活动的公共场所吸烟、饮酒。

15. 浩浩的心事

浩浩品学兼优，被评为学校的“三好学生”，受到了嘉奖。他领奖的时候，学校小记者站的小记者拍摄了他的照片，发布在学校公众号上。很多家长、老师都转发了这篇公众号文章。

获得荣誉，浩浩应该高兴才对，可他却不开心，反而变得心事重重起来。他不开心的样子，被变为小飞虫的我撞见了。

为了探明浩浩为什么不开心，我悄悄飞在浩浩身边，观察他的一举一动。事情的真相，在浩浩放学回家后揭开了。他回家后来到自己的小房间，打开抽屉，从里面拿出一本日记，开始了记录。

只见浩浩在日记中写道：我喜欢被奖励的感觉，却不想被大家知道我的存在。为什么？为什么？那是因为我有不光彩的过去……我真后悔之前所做的一切。要是时光可以倒转，我会好好学习，好好生活，不犯错误。我是一个有污点的学生，我不是什么“三好学生”……

浩浩写到这里，开始掩面哭泣。

“浩浩，你怎么啦？”我附在他耳边，小声问。

“谁在说话？你在哪儿？”浩浩停下哭泣，向四周望了望。

“我是有魔法的魔法狮，你有什么心事？我可以帮到你。”我摇身一变，现出原形。

“真的吗？”浩浩有些惊喜地望着我，“你真的可以吗？”

我点点头，肯定地回答他。

“可是我的事情已经发生了，你没法改变的。”浩浩叹了一口气。

“什么事，你说出来，我看看能不能帮到你。”我说。

“几年前，我因为跟着邻居大哥参与打架斗殴，被送进了未成年犯管教所，有过不光彩的过去。从未成年犯管教所出来后，我改过自新，转学到了现在这所学校……”浩浩将自己的事一五一十地告诉了我。

“过去的已经过去，只要你改过自新就好。人要往前看，不要太在意过去。”我说。

“但是，我担心大家知道我的过去。新学校里有个同学的爸爸在人民法院工作，他一定知道我的过去，要是他将这件事告诉那个同学。那个同学再一传十、十传百……”浩浩说出了自己的担忧。

“《未成年人保护法》第一百零三条规定，公安机关、人民检察院、人民法院、司法行政部门以及其他组织和个人不得披露有关案件中未成年人的姓名、影像、住所、就读学校以及其他可能识别出其身份的信息……你是受保护的，不必担心那么多。”我摸着浩浩的头，安慰他。

“是不是我的这些信息别人永远不会知道了呢？如果是真的，我就放心了。”浩浩擦干眼泪，破涕为笑。

“是真的，当然是真的。只不过……”我欲言又止。

“只不过什么？”浩浩立马紧张起来。

“第一百零三条还规定，查找失踪、被拐卖未成年人等情形除外。如果你哪天失踪了或者被拐卖了的话，你的个人信息就有可能被公开。”我说。

“那时候公开我的信息，是为了寻找我，这是好意，我不怕。”浩浩坦然地说。

魔法小贴士

《未成年人保护法》第一百零三条规定，公安机关、人民检察院、人民法院、司法行政部门以及其他组织和个人不得披露有关案件中未成年人的姓名、影像、住所、就读学校以及其他可能识别出其身份的信息，但查找失踪、被拐卖未成年人等情形除外。

16. 抚养费不能少

一直以来，我都是爸爸妈妈捧在手心里的宝贝。家里有什么好吃的，爸爸妈妈都给我留着；家里有什么好玩的，爸爸妈妈也都给我留着；要是遇到别人欺负我，爸爸妈妈第一时间站出来保护我……有了爸爸妈妈的爱，我觉得自己是世界上最快乐的狮子，没有之一。

每个人都有爸爸妈妈，爸爸妈妈对我们的爱是那样无私，那样深厚。我们在爸爸妈妈的庇护下，健康快乐地成长。可是，大千世界无奇不有，所以也有一些不一样的父母。

小文是我刚刚认识的小朋友，她性格内向，唯唯诺诺，并不像其他孩子那样无忧无虑。看着她有些可怜的样子，我不由得想要关心、爱护她，逗她开心。

我守在小文放学的路上，变出一朵鲜花送给她，她拿着鲜花闻了闻，略有动容，但很快又消沉下来。我手一挥，又变出一袋奶糖，她尝了一颗，仍然没有露出笑容。

“小文，我再给你变一个不倒翁。”我手一挥，给小文变出一个滑稽的不倒翁。小文看着不倒翁左摇右晃的样子，却还是不开心。

“小文，你究竟要我变出什么，才能开心地笑呢？”我思来想去，也没个答案，只好追问她。

小文想了想，小声说：“如果可以的话，你给我变一个好爸爸吧！”

“你没有爸爸吗？你的爸爸不好吗？”我问。

“我有爸爸，但他是弟弟的爸爸。他并不爱我。”小文说这话的时候，显得很委屈。

“可怜的小文，你受委屈了吗？告诉我，也许我能帮到

你。”看着有些可怜的小文，我意识到她的问题不简单。

“在我很小的时候，爸爸妈妈就离婚了。因为爸爸的经济条件比妈妈好，所以法院将我判给爸爸直接抚养。不久前，爸爸和我现在的妈妈结婚了。随着弟弟的出生，爸爸就再也没有管过我……有时候，爸爸连生活费都不给我，还总是因为小事打骂我。”

“没想到还有这样的爸爸，简直太可气了。”我义愤填膺，想将小文的爸爸变成一块石头。

“你将他变成好爸爸吧！”小文恳求说。

“你的爸爸没有尽到监护职责。我现在将他变好，也不敢保证他以后不会再变坏，”我想了想，问道，“你妈妈怎么样？”

“我妈妈很爱我，可是法院将我判给爸爸，所以我不能和妈妈生活在一起。这些都是爸爸告诉我的。”小文说。

“《未成年人保护法》第一百零八条第一款规定，未成年人的父母或者其他监护人不依法履行监护职责或者严重侵犯被监护的未成年人合法权益的，人民法院可以根据有关人员或者单位的申请，依法作出人身安全保护令或者撤销监护人资格。根据法律规定，你是可以跟随妈妈一起生活的。”我给小文出主意。

“妈妈经济状况不好，跟着妈妈生活的话，会不会给妈妈添麻烦？”小文还有顾虑。

“《未成年人保护法》第一百零八条第二款还规定，被撤销监护人资格的父母或者其他监护人应当依法继续负担抚养费用。也就是说，你爸爸被撤销监护人资格之后，仍然需要负担你的抚养费。”我说。

“我去找妈妈，让她帮我维权！”小文终于露出了笑容，向妈妈家的方向走去……

魔法小贴士

《未成年人保护法》第一百零八条规定，未成年人的父母或者其他监护人不依法履行监护职责或者严重侵犯被监护的未成年人合法权益的，人民法院可以根据有关人员或者单位的申请，依法作出人身安全保护令或者撤销监护人资格。被撤销监护人资格的父母或者其他监护人应当依法继续负担抚养费用。

17. 优惠的待遇

魔法体验日之后，我会变成小飞虫这件事一传十、十传百。很快，世界各地的孩子都知道了这件事。一些孩子还希望我能教他们魔法，让他们自己也能变成小飞虫。

为了教会孩子们变成小飞虫的魔法，我将他们带到郊外，耐心地教导他们。孩子们学得很认真，不一会儿就学会了变成小飞虫的魔法。他们振动着翅膀，欢快地在郊外飞舞。

看着“小飞虫们”欢快飞舞的样子，我真舍不得打扰他们，于是让他们多玩一会儿。为此，我躺在草坪上舒舒服服地晒起太阳。

“呼噜呼噜！”趁此时机，我打了一会儿盹。可我睁开眼睛的时候，发现“小飞虫”少了两只。

“魔法魔法变变变！”发生了什么事，我摇身一变，也变成了一只小飞虫，飞到大家中间。

“东东和西西兄妹俩飞走了。”“小飞虫们”告诉我。

“你们只学会了变成小飞虫，还不会变回原形。小飞虫飞出去，要是遇到蜘蛛、蜻蜓这些天敌可就完了。东东和西西去了哪儿，你们知道吗？”我一听，立马紧张起来。为了“小飞虫们”的安全，我将他们全都变回了原形。

“你们的魔法课改天再上。现在，我必须找到东东和西西。”我说完便飞走了。

“东东和西西究竟去了哪儿？”为了找到东东和西西，我飞进树林，找遍了每一棵树；飞过草地，翻遍了每一株草；飞过花园，看过了每一朵花……找呀找，找了很久都没有找到他们。

“东东，西西，你们在哪儿？”我扯开嗓门，焦急地大喊。四周静悄悄的，没有回应。

难道他们已经出事了吗？我心里一惊，飞到蜘蛛先生的家，悄悄张望。还好，蜘蛛先生躺在家里睡大觉，它的网上并没有东东和西西的身影。

莫非他们被蜻蜓小姐吃掉了？我又飞到蜻蜓小姐的家。在那里，我发现蜻蜓小姐生病了没胃口，这几天都没有进食。紧接着，我又去了几处小飞虫天敌的家，并一一排除了它们的嫌疑。所以，东东和西西暂时应该没有遇险。

莫非他们回家了？我又朝着东东和西西的家飞去。很遗憾，他们并不在家。家里有的只是他们年迈的爷爷和奶奶。爷爷和奶奶唉声叹气地说着什么。我仔细一听，原来他们在

说东东和西西一直想去展览馆玩，但因为他们的爸爸妈妈做生意亏本没寄钱回家，家里没钱去不了。

难道他们将自己变成小飞虫，就是想飞进展览馆吗？我加速向展览馆飞去，在展览馆门口，我果真发现了他们。

“东东、西西，原来你们在这儿。”我迎上前，将他们截住。

“我们没钱买票看展览，才想到变成小飞虫飞进展览馆这个主意的。”东东和西西不好意思地说。

“《未成年人保护法》第四十四条第一款规定，展览馆、动物园、植物园、公园等场所，应当按照有关规定对未成年人免费或者优惠开放。你们是未成年人，不用买票也可以进来看展览。”我说。

“早知道就不变小飞虫了。天啊，我们要怎样才能变回原形呢？”东东和西西突然想到了这个问题。

“那就跟我来吧！”我说完便向前飞去。“等等我们，等等我们啊！”身后，东东和西西追着我喊。

魔法小贴士

《未成年人保护法》第四十四条第一款规定，爱国主义教育基地、图书馆、青少年宫、儿童活动中心、儿童之家应当对未成年人免费开放；博物馆、纪念馆、科技馆、展览馆、美术馆、文化馆、社区公益性互联网上网服务场所以及影剧院、体育场馆、动物园、植物园、公园等场所，应当按照有关规定对未成年人免费或者优惠开放。

第三篇　拉起警戒线

1. 瑞瑞的变化

来到人类社会后，我每天都很忙，以至于很久没回大草原了。前些天，妈妈捎信告诉我，她很想念我，所以我要回去待一段时间，顺便给她讲讲自己这些日子以来的见闻。

临行前，我想起了自己新认识的小伙伴瑞瑞。瑞瑞是一个很文弱的小男孩，平时唯唯诺诺，常被班里一些强势霸道的同学欺负。很多时候，我都会悄悄用魔法替他撑腰。我真担心在我离开的这段时间里，瑞瑞又被同学欺负。

“瑞瑞，我要回大草原住上一段时间。你能照顾好自己吗？”临行前，我担心地问瑞瑞。

“这个，我也不知道……”瑞瑞对我很不舍。看得出，他很担心没有我的日子里自己会被别人欺负。

“我施个魔法，将欺负你的那些同学定在那里，让他们一动也不动。行不行？”我想用定身法，将平时欺负瑞瑞的那些同学定住。瑞瑞摇摇头说：“你把他们定住了，也许还会有其他同学欺负我。”

“那我还是给你变个屏障，将你保护起来吧，”我手一挥，

变出一道隐形的屏障，贴身保护着瑞瑞，“这样，谁也不能欺负你了。”

“谢谢你，魔法狮！你放心吧，我会照顾好自己的。”瑞瑞放下心来，和我道了别。

大草原的风光无限美好，我和妈妈在一起的日子过得很快。转眼间半个月过去了，我告别妈妈，重新回到了人类社会。

“也不知道瑞瑞现在怎么样了？”我第一个想到的人就是瑞瑞。为了赶快见到他，我变成一只雨燕，以最快的速度飞到他面前。

瑞瑞刚放学，从他开心的笑容里看得出，这半个月没人欺负他。这是当然的，因为我给他的隐形屏障还在。只不过，他好像消瘦了很多。

“难道他没吃饱饭，营养不良吗？”我不知道他为什么会瘦，在心里猜测道。可是，我又觉得这不太可能，因为瑞瑞的家人很爱他，他应该不存在吃不饱饭的问题。

为了弄清瑞瑞的状况，我决定继续变成雨燕，躲在一旁悄悄观察他。不出所料，瑞瑞没有发现我。

不一会儿，瑞瑞在路口遇到了一个流里流气的大哥哥。大哥哥递给瑞瑞一支香烟，瑞瑞掏出打火机，自己点上，大口大口地吸了起来。

“小老弟，这烟够劲道吧？走，咱们去打游戏。”大哥哥拉着瑞瑞就往一家电子游戏厅走。

“谢谢大哥哥，这烟的味道真好。”瑞瑞一边说，一边和这个大哥哥进了电子游戏厅。

“你怎么可以变成这样？这半个月究竟发生了什么？”看着瑞瑞的变化，我很生气，一下子现出原形。

“你刚走的第二天，我放学回家看到大哥哥在抽烟，觉得好玩。大哥哥看出我的心思，给我尝了一口，我觉得大哥哥人很好，就和他成了好朋友。最近，我们天天在一起玩。”瑞瑞如实说出了自己这些日子的经历。他说这些的时候，并不觉得有什么不妥当：“你走之前，给了我一道隐形的屏障，让我不会受到欺负，所以我并不担心大哥哥会欺负我。事实也是这样。”

“大哥哥抽烟、逃课、打游戏，这些行为并不好。你自己就没有一点儿是非观念吗？你应该自觉抵制各种不良行为以及违法犯罪行为的引诱和侵害才对。看来，我除了给你一道屏障，还得给你拉起‘警戒线’啊。”我说。

“什么‘警戒线’？”瑞瑞问。

“这条‘警戒线’就是《预防未成年人犯罪法》。根据其第十一条规定，未成年人应当自尊、自律、自强，增强辨别是非的能力，自觉抵制那些不好的行为，并远离犯罪行为的引诱和侵害。要是我早一点儿告诉你，也许情况就不会这样。”我解释说。

“我错了。我改！”瑞瑞对自己的行为后悔不迭。

魔法小贴士

《预防未成年人犯罪法》第十一条规定，未成年人应当遵守法律法规及社会公共道德规范，树立自尊、自律、自强意识，增强辨别是非和自我保护的能力，自觉抵制各种不良行为以及违法犯罪行为的引诱和侵害。

2. 学校的法治教育老师

为了避免瑞瑞走上歪路，我给他讲了很多案例，教给他很多法律知识。一段时间之后，瑞瑞有了很大的进步，总算让我放心了一点儿。

正当我打算好好休息一下的时候，瑞瑞的小表哥程程因为打架斗殴被送进了未成年犯管教所。这让我意识到了孩子们法律知识的欠缺。

“要是孩子们都知法、懂法，也不至于走上违法犯罪的道路。看来，我有必要给更多的孩子普及法律知识，避免他们踩雷。”我把自己反锁在屋子里，思考了三天三夜之后，决定好好给孩子们普及法律知识。

为此，我将之前认识的孩子的名字列成了一份长长的名单，一个一个地向他们宣传法律知识，说完之后再对那些不认识的孩子说。说来说去，说得我口干舌燥，还有很多孩子没有说到。

那一刻，我真心希望能有个人来帮帮忙。这个人是谁呢？孩子的家长？他们往往工作很忙，而且不一定每位家长都懂法。孩子的班主任老师？他们或许懂法，但又有很多教学任务，不一定还有剩余的精力去向孩子们普法。

我思来想去，也没找到合适的人选。如何才能快速让更多的孩子知法、懂法、不违法，成了我这些天最忧心的事。我想过将孩子们集中在一起，办一次法律大讲堂。可是，我却不能一下子将所有的孩子都集中在一起。

关键时刻，不如用分身魔法，将自己变身成无数只魔法狮去为孩子们普法。这个办法好是好，但我的精力真的很有限，不能保证分身术变出的每一只魔法狮都能把法律知识讲解得像我本人讲的那样生动形象。而且，这也不是长久之计。

谁是最合适的人选呢？正当我一筹莫展之时，瑞瑞告诉我一个好消息。

“魔法狮，我们学校来了一位新老师。你猜他是教什么的？”瑞瑞神神秘秘地问。

“该不会像我一样，是教魔法的吧？”我正为如何给更多的孩子普法着急，根本没有时间和瑞瑞闲扯，于是随便给出了一个答案。

“是的，他就是教‘魔法’的。”瑞瑞顿了顿，接着说，“他教的‘魔法’，与你教的不一样。”

“他教的是什么魔法？”我好奇地问。

“他教的‘魔法’就是法律，他是我们的法治教育老师，”

瑞瑞说，“他这周刚来，专门负责为我们普及法律知识。”

“要是每一所学校都能这样就好了，”我灵光一闪，突然想起一件事，“根据《预防未成年人犯罪法》第十八条规定，学校要有自己的法治课老师，还可以从司法和执法机关、法学教育以及法律服务机构等单位聘请法治副校长、校外法治辅导员。其实，聘请法治教育老师才是最好的办法。一忙起来，我竟然忘记了这茬儿。”

“是呀，听说很多学校都请了法治教育老师。”瑞瑞高兴地说。

“这下好了。我要不要向所有学校都说一声呢？另外，我也可以申请去做法治教育老师呀！”随即，我又陷入新一轮的思考之中……

魔法小贴士

《预防未成年人犯罪法》第十八条规定，学校应当聘任从事法治教育的专职或者兼职教师，并可以从司法和执法机关、法学教育和法律服务机构等单位聘请法治副校长、校外法治辅导员。

3. 预防犯罪的宣传活动

得知瑞瑞的学校聘请法治教育老师的消息后，我倍感欣慰。但是我不确定其他学校是不是也聘请了法治教育老师。作为一只有责任、有担当的魔法狮，我觉得有必要了解清楚这些学校的状况。

说干就干是我一贯的作风，我再次变成小飞虫，踏上了去学校考察的旅程。

循着琅琅读书声，我飞进了第一所学校。那是一所环境优雅的城市小学，校园内翠柳依依，干净整洁。在那里，我不但了解到他们有专门的法治教育老师，还旁听了法治教育老师生动有趣的课程。法治教育老师讲道理、举例子，娓娓道来，让孩子们了解了法律的规定，知道了哪些事不能做，很好地起到了预防犯罪的宣传作用。

“这是一所让我放心的学校。其他学校也会这样宣传预防犯罪的法律知识吗？”看着眼前的情景，我知道这所学校一定会好好培养孩子们的法律意识，是一所不需要我担心的好学校。因此，我展开翅膀，放心地往前飞。

很快，我飞进了第二所学校。那是一所依山傍水的乡村小学，景色宜人，却显得有些偏僻，而且班级也不多。飞入校园的那一刻，我就暗暗担心这样的乡村小学没有法治教育老师。庆幸的是，这所学校也有自己的法治教育老师，而且当地派出所的民警还亲自进校园宣讲预防犯罪的案例和法律知识。

“这样的学校，也令我放心。”我离开那所学校，继续往前飞。紧接着，我又去了几所学校，在那些学校里，我看到了很多丰富多彩的普法讲座和形式多样的预防未成年人犯罪的宣传活动。最值得一提的是，还有一些学校将学生家长也请到学校，为他们进行了普法知识培训。看着家长们像孩子那样认认真真地听讲，我觉得特别有趣，忍不住停下来旁听。

渐渐地，我发现学校不仅为家长们普及预防未成年人犯罪的知识，还将预防犯罪教育计划告诉了家长们，请家长们配合学校，有针对性地对学生进行预防犯罪的教育。

“学校和家庭的密切配合，这个点子真不错。”虽然我知道这也是《预防未成年人犯罪法》第二十二条第二款“学校应当将预防犯罪教育计划告知未成年学生的父母或者其他监护人。未成年学生的父母或者其他监护人应当配合学校对未成年学生进行有针对性的预防犯罪教育”的规定，但我仍然打心眼儿里为这些学校点赞。

紧接着，我又想到了《预防未成年人犯罪法》第二十四条“各级人民政府及其有关部门、人民检察院、人民法院、共产主义青年团、少年先锋队、妇女联合会、残疾人联合会、关心下一代工作委员会等应当结合实际，组织、举办多种形式的预防未成年人犯罪宣传教育活动。有条件的地方可以建立青少年法治教育基地，对未成年人开展法治教育”的规定。那么，这些部门是不是也行动起来了呢？

为此，我离开学校继续往前飞，看到了共产主义青年团、少年先锋队、关心下一代工作委员会等部门为青少年组织开展的预防犯罪宣传活动。

不久，我又去了一个乡镇。镇长正在召开大会，热闹的场面令我忍不住驻足观看。看了一会儿，我了解到他们正在筹建青少年法治教育基地，以便对未成年人开展法治教育。

“看样子，大家都行动起来了。这一定会对孩子们有帮助！”此时此刻，我觉得这是一次最愉快的旅程。

魔法小贴士

《预防未成年人犯罪法》第二十二条规定，教育行政部门、学校应当通过举办讲座、座谈、培训等活动，介绍科学合理的教育方法，指导教职员工、未成年学生的父母或者其他监护人有效预防未成年人犯罪。学校应当将预防犯罪教育计划告知未成年学生的父母或者其他监护人。未成年学生的父母或者其他监护人应当配合学校对未成年学生进行有针对性的预防犯罪教育。第二十四条规定，各级人民政府及其有关部门、人民检察院、人民法院、共产主义青年团、少年先锋队、妇女联合会、残疾人联合会、关心下一代工作委员会等应当结合实际，组织、举办多种形式的预防未成年人犯罪宣传教育活动。有条件的地方可以建立青少年法治教育基地，对未成年人开展法治教育。

4. 管制刀具不能带

想要保持快乐的心情，就要忘记不快乐的事。然而，不是每个人都那么容易忘记不快乐的事。此时此刻，会魔法的我就能帮上忙。需要提醒的是，我每施一次魔法，都要先询问不开心的人为什么不开心。

今天，我已经帮助很多孩子忘记了不快乐的事。给人送去快乐，我自己也感到快乐。快到傍晚的时候，我遇到了闷闷不乐的小白。

“小白，你遇到不开心的事了吗？”我拉住小白，问道。

“上星期，小胖成了我的新同桌。他喜欢恶作剧，时常故意将我的书本弄到地上。我让他捡起来，他也不理会我。每次，我都只能自己捡起书本。他还在一旁坏笑……”小白这几天都不开心。

“小白，你把自己受的委屈告诉老师了吗？”我问。

“小胖不准我告诉老师。他人高马大又很凶，所以，我没敢告诉老师。”小白低垂着头，很不开心的样子。

“气坏了身子，容易生病。我给你施个魔法，忘掉这些事吧。”我手一挥，打算将小白变快乐。小白朝旁边挪动了一下，吞吞吐吐地说：“我后来带刀子去学校了。”

“带了什么刀子？”我一愣，赶紧问道。

“就是一把弹簧刀。藏在书包的夹层里，我想要是小胖再恶作剧，我就给他点儿颜色看看。”小白话里有话。

“你该不会伤害了小胖吧？”我心里一惊，生怕小白闹出乱子来。

“早上的时候，我以为小胖又要恶作剧，结果他没有碰我的书。”小白说。

“后来呢？课间活动的时候，他碰你的书了吗？”我问。

“课间活动的时候，他也没有碰我的书。今天整整一天，他都没碰我的书。我想，可能是我书包里的刀子保护了我吧。”小白说，“我想天天都带着刀子，免得小胖嚣张。”

“小胖知道你带了刀子吗？”我问。

“小胖应该不知道我带刀子的事吧。其实，我觉得老师和同学们都没发现。我只是觉得带了刀子，心里踏实点儿，”小白说到这儿，情绪有点激动，“可是，我的刀子被收走了！”

“怎么回事？”我继续追问。

“今天下午放学的时候，学校来了几位警察叔叔。他们

说接到举报，将我的刀子没收了。”小白很不服气。

“《预防未成年人犯罪法》第三十八条第二项规定，未成年人非法携带枪支、弹药或者弩、匕首等国家规定的管制器具的行为属于严重不良行为。同时，第四十条还规定，公安机关接到举报或者发现未成年人有严重不良行为的，有权制止，并依法调查处理，”我拍拍小白的头，安慰道，“你携带的弹簧刀属于管制刀具，警察叔叔发现之后，为了预防你犯罪，当然要没收了。”

“可我没了刀子，小胖欺负我怎么办？”小白问。

“告诉爸爸妈妈和老师，请他们帮你解决。只有这样，才能从根本上解决问题。”我决定不给小白施魔法，而是让他解决问题之后真正变得快乐起来。

“在学校里受到欺负，你越是不吭声，别人越是嚣张。”我鼓励小白勇敢地说出自己的遭遇。

“我知道该怎么做了。谢谢你，魔法狮！”小白一蹦一跳地离开了。

魔法小贴士

《预防未成年人犯罪法》第三十八条第二项规定，未成年人非法携带枪支、弹药或者弩、匕首等国家规定的管制器具的行为属于严重不良行为。第四十条规定，公安机关接到举报或者发现未成年人有严重不良行为的，应当及时制止，依法调查处理，并可以责令其父母或者其他监护人消除或者减轻违法后果，采取措施严加管教。

5. 逃课行不通

星期天不用上班，也不用上学，很多人选择在家里睡懒觉。作为有魔法的狮子，我也需要睡一个懒觉。可是这天一大早，我的门就被敲得“咚咚”响。

谁呀，这么早就来打扰我？我打开门一看，发现小壮站在外面。

“小壮，你一大早就来打扰我，还让不让人休息啦？”我看了小壮一眼，没好气地问道。

“师父，请受徒儿一拜！”小壮朝我作揖，要拜我为师。

“既然要拜我为师，那就不算打扰。请问你要学什么呢？”我捋了捋胡须，将小壮让进了屋。

“当然是向你学魔法啦。下周三，有个明星要开演唱会，我想去看看。但是那天我们要上课，所以请你教我魔法，让我能顺利逃课……”小壮见我松了口，于是眉飞色舞地说。

“你学魔法就是为了逃课？我的魔法可不能用来搞歪门邪道。”我一听，不乐意了。为了不让他逃课，我给他讲了一番大道理：“《预防未成年人犯罪法》第二十八条第二项

规定，未成年人多次旷课、逃学的行为属于不良行为。同时，第三十四条规定，未成年学生旷课、逃学的，学校应当及时联系其父母或者其他监护人，了解有关情况；无正当理由的，学校和未成年学生的父母或者其他监护人应当督促其返校学习。你要是逃课的话，学校会通知你的父母。”

“就一次，我保证下不为例。”小壮并不爱听大道理，缠着我教他魔法。

“我不会教你逃课的魔法。如果你真要逃课，我还会用魔法惩罚你。”我说道。

“你会怎样惩罚我？”小壮有点儿害怕地问。

“我会将你变成其他的东西，”我手一挥，比画了一个要施魔法的动作，“这个其他的东西，有可能是一棵树、一棵草、一滴水，还有可能是一块木头、一把椅子……反正，我想到什么就是什么。”

“我喜欢被变成这些东西。要是我被变成一棵树的话，我就站在田野里享受阳光；要是我被变成一棵草的话，我就抬头仰望天空，看白云飘过；要是我被变成一滴水的话，我就顺着小溪流向大河、大海，去世界各地旅游……我觉得挺好玩的。”小壮望着窗外，开始了无尽的遐想。

“但是，你有没有想过变成一棵树就不能走路，有人砍伐你的话怎么办？变成一棵草就有可能被行人踩在脚下，要是被牛吃了又怎么办？要是你变成一块木头的话，不能说话不能动，又怎么办……这些，都不好玩哟。”我接过小壮的话茬。

小壮一听，沉默了。

“最关键的问题是，这样你就永远也不能去看演唱会了。”我接着说。

“我还是忍一忍，等到节假日再去看演唱会吧。”小壮放弃了逃课的想法。

魔法小贴士

我国《预防未成年人犯罪法》第二十八条第二项规定，未成年人多次旷课、逃学的行为属于不良行为。同时，第三十四条规定，未成年学生旷课、逃学的，学校应当及时联系其父母或者其他监护人，了解有关情况；无正当理由的，学校和未成年学生的父母或者其他监护人应当督促其返校学习。

6. 街口的“小流浪者”

出门在外会遇到很多困难，但这并不会难倒作为魔法狮的我。烈日当头的日子，我会变出一把遮阳伞，躲在伞下不怕晒；暴风骤雨的日子，我会变出一座避雨亭，躲在里面不怕风雨肆虐。

如果饿了，我会变出一大堆美食，让自己尽享口福；如果渴了，我会变出几瓶喜欢的饮料，一饮而尽；如果困了，我会变出一张又大又软的床，躺在上面呼呼大睡。衣食住行对于我而言，根本不是难题。所以我随时随地都可以来一场说走就走的旅行。

那是一个风和日丽的日子，我背起简单的行囊出发了。我走出城市，穿过山林，蹚过小河，来到一座小镇。那是一座有些偏僻的小镇，镇上人不多，来来往往，办着各自的事。

“这里的日子很悠闲，我要多住两天。”只看一眼，我就喜欢上了这座小镇。我像个孩子一样，在镇上走来走去，这里看看，那里瞧瞧。

不久，一个小男孩进入了我的视野。只见他这里瞧瞧，那里看看，样子看起来和我差不多。

“难道他也是一位魔法师，也可以变出很多好吃的，变出衣食住行所需要的一切？他是不是和我一样，也是一位旅行者？”看着小男孩东张西望的样子，我在心里暗暗想。

为了弄清小男孩的身份，我悄悄跟在他身后，观察他的一举一动。很快，我发现他并不是一位魔法师，更不是一位悠闲的旅行者。他看起来更像一个无家可归的流浪者。

只见小男孩在街上漫无目的地走了一圈之后，将脚步停在一家包子铺门前。他看了看包子铺门口蒸笼里热气腾腾的包子，咽了咽口水，摸了摸兜里，发现没钱，只好离开了包子铺。看得出他很饿，很想吃一个包子。

“如果他有魔法的话，可以变出包子来。但是他没有，所以他应该不是魔法师，不会魔法。”我这样想。

小男孩继续往前走，来到一家服装店，他看了看里面的新衣服，离开了。

“他想买衣服，可是没钱。他为什么不向爸爸妈妈要钱呢？”我很纳闷。

小男孩东看看、西望望，最后来到一个桥洞。那里有一些稻草。他坐下来叹了一口气，然后躺在了稻草上。

“这个孩子为什么不回家？我得劝劝他。”我摇身一变，

变成一个和小男孩年龄差不多的男孩。我走到小男孩面前，和他攀谈起来。一番交流之后，我得知小男孩是因为爸爸妈妈管教太严才离家出走的，已经一天一夜没回家了。

“我想抢包子铺的包子，一口气吃个饱。我还想抢服装店的衣服，给自己换一身干净的衣服……我还想抢钱，有了钱之后我就可以去住大宾馆了。你和我一起去吗？”小男孩从稻草堆里坐了起来。

“我不会和你一起去。相反，我要劝你快回家。”我变回自己的原形，开始规劝小男孩。

“可是爸爸妈妈对我太严格了，我不想回家。”小男孩固执地看着远方。

“你在外面流浪，没吃没穿，还没有地方住，一不小心就会走上犯罪道路。《预防未成年人犯罪法》第三十六条规定，对夜不归宿、离家出走或者流落街头的未成年人，公安机关、公共场所管理机构等发现或者接到报告后，应当及时采取有效保护措施，并通知其父母或者其他监护人、所在的寄宿制学校，必要时应当护送其返回住所、学校……看到你的处境，我不会坐视不管的。”我说。

“可是……”小男孩还有顾虑。

“爸爸妈妈对你管教严格，是为了你的将来着想呀。”我继续说。

“好吧，我这就回家。”小男孩在我的劝说下，向家的方向走去。

魔法小贴士

《预防未成年人犯罪法》第三十六条规定，对夜不归宿、离家出走或者流落街头的未成年人，公安机关、公共场所管理机构等发现或者接到报告后，应当及时采取有效保护措施，并通知其父母或者其他监护人、所在的寄宿制学校，必要时应当护送其返回住所、学校；无法与其父母或者其他监护人、学校取得联系的，应当护送未成年人到救助保护机构接受救助。

7. 寻衅滋事不可取

过生日是一件开心的事。生日当天，我会收到亲人朋友的祝福，会回到大草原上的家乡，会吃到爸爸妈妈为我精心准备的大餐，会开开心心地吹蜡烛、切蛋糕，然后许个美好的心愿，晚上再做一个好梦，结束仪式感满满的一天。

过生日也是每个人类孩子最开心的事。很多孩子早早就盼着生日的来临，计划着如何愉快地度过生日。不过，也有人因为生日乐极生悲。

那是一个天气晴好的午后，我变成一只小飞虫飞过大街小巷。突然，一辆警车呼啸而过。

“哪儿出事了？”为了一探究竟，我紧紧地跟在警车后面。警车停在了一家餐馆前，两位警察叔叔下车后径直走进餐馆。餐馆里，一个服务员趴在地上，几个初中学生正在砸东西……

“我们接到报警电话，这里有人闹事。小同学，跟我们走一趟！”警察叔叔制止了这几个学生，并带走了他们。一起被带走的还有几位在场的客人。

这几个学生究竟怎么啦？为什么在餐馆闹事？看来，我还得跟着他们去派出所，听听大家怎么说。

从学生们和几位证人的口中，我渐渐明白了事情的缘由。原来，这几个学生中有一个叫小冰的孩子过生日。小冰已经 15 岁了，读初中以来，他觉得自己长大了，总是以大人自居。今天过生日，他向爸爸妈妈要了几百元钱，把几个要好的同学请到餐馆聚餐。其间，一个同学提议敲打碗筷，一起唱歌，大家连声附和。服务员担心因此影响到其他顾客，劝他们小声点儿。不料，小冰眼睛一瞪，不以为意，还说敲坏东西他负责赔。服务员觉得小冰态度不好，说了他两句。小冰觉得

面子上过不去，气不打一处来，便将桌上的盘子摔在地上，一把抓住服务员的衣领。几个同学你一拳、我一脚，把服务员打得趴在了地上……

“你们在公共场所寻衅滋事，造成餐馆服务员身体多处受伤，餐馆也损失了几千元的财产，我们将依法拘留你们。”公安机关以寻衅滋事为由，对小冰和几位同学依法行政拘留。

“好好的生日，过成这样。”小冰和几位同学一听，都很后悔，但是世界上没有后悔药。

不过，世界上没有后悔药，却有“预防药”。要是他们了解《预防未成年人犯罪法》第三十八条第一项关于未成年人结伙斗殴这种寻衅滋事行为属于严重不良行为的规定，就有可能自律一些。

魔法小贴士

《预防未成年人犯罪法》第三十八条第一项规定，未成年人实施“结伙斗殴，追逐、拦截他人，强拿硬要或者任意损毁、占用公私财物等寻衅滋事行为”，严重危害社会的，属于严重不良行为。

8. 别人财物不做主

小时候，爸爸妈妈就教育我别人的东西不能随便拿。所以从小到大，我都严于律己，从没有贪图过小便宜。不拿别人的财物，成了我一贯的做“狮”原则。

来到人类社会之后，我认识了很多孩子。他们中有的也像我一样，从小接受了严格的教育，老老实实做人，从不做违法乱纪的事。但也有一部分孩子并不安分守己。

小林上小学五年级，他看到已经参加工作的哥哥有一部智能手机，觉得很好玩，也想要一部同样的智能手机。他把自己的想法告诉了爸爸妈妈，爸爸妈妈认为他还小，应该将精力放在学习上，担心如果给他买了手机，他会耽误学习，所以拒绝了他的要求。

小林嘴上没有说什么，心里却日思夜想地惦记着玩手机。每天哥哥下班之后，他都要缠着哥哥把手机借给他玩一会儿。但是哥哥需要用手机联系客户，所以很多时候都不乐意把手机借给小林玩。

遇到这样的情况，小林想要一部手机的想法越来越强烈了。他计划着用自己的压岁钱悄悄买一部手机。他把存钱罐里的钱拿出来数了数，发现还差好几百元。

“看来，我只能想点儿别的办法了。”小林动了歪心思。这天，他看到哥哥将钱包落在了沙发上，于是打开钱包将里面的钱全部拿了出来。

“小林，你怎么拿我的钱？”回来找钱包的哥哥刚好看到了小林的举动，及时制止了他。

“拿钱”失败之后，小林并没有死心，反而更加固执地想拥有一部手机。

这天放学后，小林乘坐公交车回家。途中，他看到一位乘客将手机随手放在了身后背着的敞口背包里。

“我要是偷偷拿走他的手机，他不一定会发现。”小林见这位乘客闭目养神，悄悄拿走了他的手机。

小林的行为被我撞了个正着。我手一挥，将手机变了回去。

下车后，我将小林狠狠地批评了一番。

“《预防未成年人犯罪法》第三十八条第四项规定，未成年人盗窃、哄抢、抢夺或者故意损毁公私财物的行为属于严重不良行为。悄悄拿走别人的手机，属于盗窃行为，你不想成为小偷吧？”我说。

小林惭愧地摇摇头。

“所幸的是，我看到了你的行为，将手机给人家变回去了。你千万不能再有这样的想法了。”我说。

“我太想要一部手机了。”小林仍然很固执。

“你好好读书，等将来长大成人之后，再买也不迟，”我警告小林说，“根据《预防未成年人犯罪法》第四十条规定，公安机关接到举报或者发现未成年人有盗窃行为的，应依法调查处理。以后，你可不能再动歪心思了。”

小林点点头，认识到了自己的错误。

魔法小贴士

《预防未成年人犯罪法》第三十八条第四项规定，未成年人盗窃、哄抢、抢夺或者故意损毁公私财物的行为属于严重不良行为。第四十条规定，公安机关接到举报或者发现未成年人有严重不良行为的，应当及时制止，依法调查处理，并可以责令其父母或者其他监护人消除或者减轻违法后果，采取措施严加管教。

9.“扑克游戏”不能玩

赌博容易上瘾，是不好的行为。有人因为赌博倾家荡产，还有人因为赌博家破人亡。染上赌瘾的人就像着了魔一样，沉迷其中，无力自拔。

生活中，我们时常看到大人们在空闲的时候打扑克赌钱，玩麻将赌钱，赌资也很小，看似没有什么不好。其实大赌小赌都是赌。作为未成年人的你们，千万不能赌博。

小牧的爸爸妈妈平日里做些小生意，空闲时间比较多，一闲下来，就爱约几个牌友到家里打扑克赌钱。耳濡目染，小牧也爱上了打扑克。为了过把打扑克的瘾，他偷偷从家里拿了一副扑克藏进书包里。

“小牧，你把扑克藏进书包里，想要干什么？”这事儿当然瞒不过我。我拉住小牧，问道。

“我就是想玩玩扑克游戏，也没什么不好吧？”小牧理直气壮地反问我。

“扑克游戏？这是什么游戏？”我继续问。

“这是一个秘密，我要保守秘密。”小牧故作神秘地对我说。

“不管你玩什么游戏，都逃不过我的法眼。”我看了看小牧，在心里说。

接下来的日子里，我变成小飞虫，天天跟在小牧身后，看他究竟要耍什么花招。很快，小牧就露了马脚。

这天放学后，小牧约了两个小伙伴去公园。他们选了一处空地，围坐下来。

“今天，我们来玩扑克游戏，也就是斗地主，怎么样？”小牧学着爸爸妈妈的样子，将扑克牌拿在手里，熟练地洗起牌来。

“我们不会斗地主。”两个小伙伴说。

“不会没关系，我教你们。”小牧把扑克牌分发给大家，然后开始教小伙伴们如何斗地主。

“这个游戏好玩吧？”小牧见大家很快就学会了，趁机说，“我们还是赌一把吧。一角钱一次，输了就把钱给赢家。”

“赌就赌，谁怕谁呀。”两个小伙伴应战了。

“你们这哪里是玩扑克游戏，分明就是赌博。”我抓住了小牧的“把柄”，变回原形，制止了小牧和他的小伙伴。

“魔法狮，我们就玩一小会儿，不碍事的。”小牧央求道。

“《预防未成年人犯罪法》第二十八条第七项规定，未

成年人‘参与赌博、变相赌博，或者参加封建迷信、邪教等活动’，不利于其健康成长，属于不良行为。小赌也是赌，所以你们必须停止这种‘扑克游戏’。”说着，我将小牧手里的扑克牌变没了。

“真扫兴！”小牧和小伙伴们不得不各自回家。

“没了扑克牌，看你怎么赌！”看着小牧和小伙伴们的背影，我如释重负地说。

本以为事情到此结束，不料第二天，我又看到小牧和那两个小伙伴凑在一起。只见他们来到一条僻静的小巷，小牧又拿出一副扑克牌。

“只要有我在，你们就别想赌博。”我指着小牧手里的扑克牌，说声“魔法魔法变变变”，又将他的扑克牌变没了。

“好了好了，魔法狮，我们保证不再赌博了。”小牧见我意志坚定，终于向我保证说。

有了小牧的保证，我稍稍放下心来。一连几天，我都没有去跟踪他。

“也不知道他还想着赌博这事吗？”这天下午，我突发奇想，变成一只小飞虫去找小牧。

小牧放学了，他和那两个小伙伴走在一起。

“难道他们又要去赌博吗？”我暗暗想。

“小牧，我们还玩扑克游戏吗？”一个小伙伴问小牧。

“我们去小区玩，居民委员会的叔叔阿姨会制止我们。我们去公园玩，那里的叔叔阿姨将我们交给父母，让父母监督我们。现在我的爸爸妈妈都不赌博了。今后，我们都不能玩扑克游戏了。”小牧说。

“在学校里玩扑克游戏，老师会批评我们，魔法狮也总是监督我们。今后，我们还是把精力放在学习上吧。”另一个小伙伴说。

“这次，我总算真正放心了。”听了这几个小家伙的对话，我放心地飞走了。

魔法小贴士

《预防未成年人犯罪法》第二十八条第七项规定，未成年人“参与赌博、变相赌博，或者参加封建迷信、邪教等活动”，不利于其健康成长，属于不良行为。第三十条规定，公安机关、居民委员会、村民委员会发现本辖区内未成年人有不良行为的，应当及时制止，并督促其父母或者其他监护人依法履行监护职责。

10. 毒品绝对不能碰

毒品是指能够使人形成瘾癖的麻醉药品和精神药品，吗啡、大麻、鸦片、海洛因、冰毒、可卡因以及国家规定管制的其他药物都属于毒品的范畴。

吸毒不仅严重损害人的身心健康，还会诱发各种违法犯罪活动，严重扰乱社会治安，极大威胁社会安定。而未成年人吸毒，也正在成为一个令人忧虑的社会问题。

让孩子远离毒品，成了我近一段时间迫切需要解决的难题。看问题不能只看表面，还要追根溯源。所以我必须去了解染上毒瘾的孩子是如何走上吸毒这条不归路的。

为此，我变成一只小飞虫飞进了未成年人强制隔离戒毒所。在那里，我看到很多被送去强制戒毒的少年。他们过着集体生活，每天必须严格遵守戒毒所的作息时间。

在这群孩子中，一个小个子男孩吸引了我的注意力。别看他个子矮小，但眼珠却滴溜溜转个不停。一看，就知道他“不简单”。

“魔法魔法变变变！”我对着小男孩一挥手，用时光回看的魔法回看了他染上毒瘾的整个过程。

原来，小个子男孩的父母忙于生计无暇照管他，从小学开始，他就模仿大人们抽烟，并以之为荣。读初中后，他更是干脆辍了学，成天跟着乡里几个“大哥”混日子。渐渐地，他发现“大哥”们常常去一家网吧吸毒。对此，他觉得很“酷”。为了摆“酷”，他将家里的钱偷出来买了毒品，开始吸起了毒。父母发现后，只好将他送到戒毒所，进行强制戒毒。

而丽丽是一个容貌秀丽的女孩，来戒毒所已经一年了。她眼神忧郁，仿佛没了青春活力。

“魔法魔法变变变！”看一眼丽丽，我就知道她一定有故事，于是我也用时光回看的魔法回看了她的经历。

和小个子男孩相比，丽丽的身世显得很是可怜。父亲在她不到 7 岁时就去世了，后来母亲再嫁，继父嫌弃她是累赘，把她送给了一对结婚多年未曾生育的夫妇。后来，养母生下了弟弟，她又一次成了“累赘”，养父母忽视对她的照料，还要求她分担家务，照顾弟弟，因此，她的成绩一落千丈，初中还没毕业，就选择了辍学去酒吧打工。有一天，她见几个人躲在酒吧一个隐蔽角落神神秘秘地吸着什么，觉得好奇也跟着吸了一口。有了第一次，就有第

二次，她渐渐染上了毒瘾。事情败露后，丽丽也被送进了戒毒所。

通过观察，我发现在这群孩子中有一个戒毒特别认真的孩子，也就是小高。据说他本来是个品学兼优的孩子。

“他怎么也会吸毒呢？”我用时光回看的魔法回看了他的过去。原来，小高对毒品毫无了解，认为只要意志坚定就不会上瘾。而他的表哥吸毒上瘾，为了规劝表哥戒毒，小高试图用自己的“行动”，也就是“先吸后戒”的办法来证明毒瘾是可以戒掉的。不料，他也在尝试中成了毒品的俘虏，非但没能帮表哥戒掉毒瘾，自己也陷了进去。悔不当初的他，不得不和表哥一起来戒毒所戒毒。

秀秀、兵兵、小白、小黑、小灰，戒毒所里还有很多这样的孩子，他们有的摆酷耍帅，好奇无知，有的交友不慎，被逼无奈，出于不同原因染上毒瘾，都必须在这里戒毒。戒毒很痛苦，需要强大的意志力，希望他们用坚韧的毅力去克服一切困难，让生活回归正常。他们的经历也告诫我们——毒品绝对不能碰！

魔法小贴士

《预防未成年人犯罪法》第三十八条第七项规定，未成年人实施的“吸食、注射毒品，或者向他人提供毒品”的严重危害社会的行为属于严重不良行为。

11. 不能看的电影和书籍

闲下来的日子，我们可以看书、看电影，这不仅能放松身心，还能增长见识，为自己的生活增添乐趣。这本来没什么问题，但前不久发生的几件事，让我改变了看法。

那天下午，我变成一只小飞虫飞在大街上。当我路过一条僻静的小巷时，看到几个中学生正拦住一位大妈，逼着大妈把钱交出来。大妈迟疑了一下，其中一个中学生突然掏出随身携带的水果刀，毫不犹豫地捅向了大妈……

一个孩子，怎么可以这么凶狠？怎么可以如此肆无忌惮？看着眼前的情景，我惊得合不拢嘴。警察很快赶到了现场，他们抓捕了那个中学生，并且迅速把大妈送进医院急救。所幸的是，大妈的伤口不在要害部位，没有生命危险。这让我悬着的心总算放下一点点。

之后，我飞到派出所，听到了警察对行凶中学生的审问。很快，我知道了他这样冲动的原因。原来，那天上午他和几个同学刚看了一部电影，他的脑海里不停浮现电影里打砸抢的暴力情节。看到大妈路过，他动起了歪心思，鼓动几个同学一起实施了抢劫并行凶。

看电影与行凶有关系吗？我心里一个激灵，很是忧心。于是，我用时光回看的魔法跟着这个中学生看了他们看的那部电影。那是一部充斥着暴力元素的电影，淡化了传统的道德观念，情节上也虚构了犯罪分子的聪明才智，把他们渲染得神通广大。

“这样的电影，会给心智还不成熟的孩子留下深刻的印象，很容易误导孩子走上犯罪道路，所以根本就不能给孩子们看。我得把这个发现告诉更多的孩子，让他们避开这样的

电影。”我意识到了问题的严重性。

后来，我发现问题不仅出在电影上，还有一些孩子接触到了不该看的书籍。

文文是一个懂事乖巧的小女孩，成绩也很好。一次，她去同学家玩，看到同学的哥哥在看一本书，她很好奇，就也拿来看。这本书里全是一些低级庸俗的图片和不堪入目的色情描写，这给文文留下了深刻的印象。之后，文文又向同学的哥哥借了几次这样的书阅读，她的心思再也不能放在学习上了，成绩一落千丈。

我看到文文的变化，了解了事情的始末之后，为她施了一个魔法，让她忘记了那些书的内容，将精力重新放到学习上。

一个文文通过魔法变好了，但还有更多的“文文”隐藏在人群中，也许我还不知道他们的情况。怎么办？思来想去，我觉得最好的办法还是让孩子自己拥有魔法，知道这是不好的行为。为此，我拿出了适合他们的“魔法”，也就是《预防未成年人犯罪法》，告诉他们，根据第二十八条第八项规定，宣扬暴力、恐怖元素的电影，以及淫秽读物等，不利于未成年人健康成长，未成年人绝对不能观看、阅读。同时，我还给孩子们举了很多例子，竭力引导他们要经得住诱惑。

魔法小贴士

《预防未成年人犯罪法》第二十八条第八项规定，未成年人阅览、观看或者收听宣扬淫秽、色情、暴力、恐怖、极端等内容的读物、音像制品或者网络信息等不利于其健康成长的行为属于不良行为。

12. 面对教唆怎么办

一直以来，我都以保护孩子们的权益、预防孩子们走上犯罪道路为己任，到处宣讲法律知识，让更多的孩子知法、懂法、守法。

在我的不断努力下，孩子们学习法律的情况得到很大改观。他们通过了解未成年人不良行为有哪些，明白应该怎样做个好孩子，懒惰的孩子变得勤快，不爱学习的孩子变得爱学习，一些有坏习惯的孩子也养成了好习惯，孩子们有了责任感和担当。看着孩子们的进步，我由衷地感到高兴，寻思着给自己放个假，出去旅游一圈。

正当我满心欢喜计划着一场旅行的时候，又出事了。那是一个阳光明媚的清晨，我变成一只小飞虫到户外呼吸新鲜空气。途中，我看到小学生成成背着书包去上学。他路过一家网吧的时候，网吧老板走了出来，喊成成去上网。

“给我留一台电脑，我放学就来。”成成想放学后到网吧玩。

“最近玩游戏的人比较多，等你放学恐怕就没有电脑了。

倒不如现在就进来占一台电脑。”网吧老板看看四下无人，眼珠一转，对成成说。

“逃课不太好吧？”成成迟疑起来。

“小同学，偶尔逃课没事的。你看看我，小时候经常逃课，还不是长大了。而且，我还当了网吧老板。现在我天天都可以玩游戏，多么悠闲自在呀。”网吧老板拍拍自己的胸脯，自得地说。

“可是，这……”成成愣在那里，拿不定主意。网吧老板见状，愣是把他拉进了网吧。

“这简直就是教唆，网吧老板怎么可以这样？”对此，我很生气，对着网吧老板吹了一口气，悄声说，“魔法魔法变变变，好好说话！”

“小同学，你年纪还小，现在的首要任务是学习，决不能因为上网耽误学习时间，快去上学吧。”网吧老板一个激灵，话锋一转，改口劝成成赶快去上学。成成疑惑地看了看网吧老板，感到有点儿莫名其妙。

“快去上学吧，待会儿迟到了可不好。小同学，要以学习为重呀。”网吧老板坚定地把成成从网吧推了出去。成成耸耸肩，向学校的方向走去。

“嘻嘻嘻……”看着眼前这一切，我暗暗发笑。等成成

一走远，我就解除了网吧老板的魔法。

“刚才我是怎么啦？”网吧老板又一个激灵，回过神来，“到手的生意，怎么可以不做呢？我得赶快把那个小学生追回来。”

“《预防未成年人犯罪法》第六十五条规定，教唆、胁迫、引诱未成年人实施不良行为或者严重不良行为，构成违反治安管理行为的，由公安机关依法予以治安管理处罚。你这是教唆未成年人逃课、沉迷网络呀！”我现出原形，郑重其事地对网吧老板说。

“我知错了，我改！”网吧老板见到我，赶快点头哈腰地说。

“我在这里的时候，你一副知错就改的样子，谁知道你背着我会怎么样呢。而且，网吧是不可以接待未成年人的，你明知道这一点，却还引诱成成上网！”看着网吧老板的样子，我回想起一段段往事。这些往事既有不良商家引诱未成年人抽烟喝酒，也有居心不良的人教唆未成年人打架斗殴……

“看样子，让孩子们经得住诱惑才是问题的关键呀。现在，我必须追上成成，告诉他要远离诱惑才行。”半晌，我回过神来。

魔法小贴士

《预防未成年人犯罪法》第六十五条规定，教唆、胁迫、引诱未成年人实施不良行为或者严重不良行为，构成违反治安管理行为的，由公安机关依法予以治安管理处罚。

13. 走进专门学校

追上成成之后，我苦口婆心劝了他好一阵儿才放心地离开。回家的途中，我又看到阳阳匆匆忙忙往乡下赶。阳阳前段时间总和社会上一些不三不四的小青年混在一起，还参与了结伙斗殴，我正要找他谈谈，没想到刚好看到他。

“阳阳，你这是又要去奶奶家吗？”我拦住阳阳问道。

阳阳点点头，并不想理会我。从他的眼神中，我看出了躲闪和逃避。

“去奶奶家，慢慢走就可以，为什么这么着急？”我觉得阳阳今天的举动很不对劲。为了弄清缘由，我手一挥，用时光回看的魔法，来到了阳阳离开家之前的时候。

那时候，阳阳的爸爸妈妈正在谈论阳阳近段时间参与结伙斗殴的严重不良行为，并计划向教育行政部门提出申请，送他去专门学校接受矫正教育。这事恰巧被回家的阳阳听见了，所以他悄悄转身离开了家。

“你是不想去专门学校，才想到奶奶家避一避的吧？”

阳阳的奶奶很溺爱他，所以我猜阳阳应该是为了不去专门学校，才想要到奶奶家躲起来。

“听说专门学校就像监狱一样，我可不要去。”阳阳点点头，证实了我的猜想。

“谁说专门学校像监狱？”我知道《预防未成年人犯罪法》第四十三条规定，对有严重不良行为的未成年人，未成年人的父母或者其他监护人、所在学校无力管教或者管教无效的，可以向教育行政部门提出申请，经专门教育指导委员会评估同意后，由教育行政部门决定送入专门学校接受专门教育。我还去参观过专门学校呢，那里并不像阳阳口中所说的“像监狱一样”。

“专门学校是专门矫正未成年人不良行为的地方，并不像你想象的那样可怕。你还是尽快回家，等着爸爸妈妈送你去专门学校吧。”我竭力说服阳阳，让他赶快回家去。

“我不想去专门学校。”阳阳固执地仰起头。

“魔法魔法变变变！我们一起去看看专门学校吧！”我见说服起不了作用，于是索性施了个魔法，将阳阳变成小飞虫，和我一起飞进专门学校。

专门学校的环境优美，有绿树成荫的小路、宽阔的操场和一幢幢漂亮的教学楼。

“这里是不是和你现在的学校看起来差不多？”我问阳阳。

“嗯嗯，看上去是这样，可是我还是不放心。”阳阳心存顾虑。

“走近些，看仔细一点儿吧。”我带着阳阳仔细参观了这所专门学校，带他见识了学校的道德教育活动、法治教育活动以及心理健康教育活动，“道德出现问题，心理出现问题，法治知识欠缺，都可以在这里矫正和学习。”

紧接着，我又带着阳阳参观了这所专门学校的职业技能培训室。阳阳看到那里的学生能习得一技之长，感到很高兴：“在这里，我还可以学技术，将来还可以凭借这一技之长找到心仪的工作，是不是？”

我使劲地点点头，然后问：“你还有顾虑吗？”阳阳摇摇头。

“魔法魔法变变变！”我带着阳阳飞出专门学校，一起往回飞。到他家门口的时候，我手一挥，将他变回了原形。阳阳大踏步往家里走去。此刻，他应该是打算去收拾行李，准备去专门学校了。

魔法小贴士

《预防未成年人犯罪法》第四十三条规定，对有严重不良行为的未成年人，未成年人的父母或者其他监护人、所在学校无力管教或者管教无效的，可以向教育行政部门提出申请，经专门教育指导委员会评估同意后，由教育行政部门决定送入专门学校接受专门教育。第四十七条第一款规定，专门学校应当对接受专门教育的未成年人分级分类进行教育和矫治，有针对性地开展道德教育、法治教育、心理健康教育，并根据实际情况进行职业教育；对没有完成义务教育的未成年人，应当保证其继续接受义务教育。

我与法律的故事

我与法律的故事

图书在版编目 (CIP) 数据

我的第一本权益保护启蒙书 / 代晓琴著 .—北京：中国法制出版社，2023.9
（法律启蒙书系列）
ISBN 978-7-5216-2458-8

Ⅰ . ①我… Ⅱ . ①代… Ⅲ . ①权益保护 - 中国 - 通俗读物 Ⅳ . ① D913.1-49

中国版本图书馆 CIP 数据核字（2022）第 008376 号

责任编辑：程　思　　封面设计：李　宁

我的第一本权益保护启蒙书

WO DE DI-YI BEN QUANYI BAOHU QIMENGSHU

著者 / 代晓琴

经销 / 新华书店

印刷 / 应信印务（北京）有限公司

开本 / 880 毫米 ×1230 毫米　32 开　　印张 / 4.75　字数 / 79 千

版次 / 2023 年 9 月第 1 版　　2023 年 9 月第 1 次印刷

中国法制出版社出版

书号 ISBN 978-7-5216-2458-8　　定价：28.00 元

北京市西城区西便门西里甲 16 号西便门办公区

邮政编码：100053　　传真：010-63141600

网址：http://www.zgfzs.com　　**编辑部电话：010-63141796**

市场营销部电话：010-63141612　　**邮购部电话：010-63141606**

（如有印装质量问题，请与本社印务部联系。）